マシュー・ボルトン
Matthew Bolton

藤井敦史・大川恵子・坂無 淳
走井洋一・松井真理子 訳

社会は
こうやって
変える！

コミュニティ・オーガナイジング入門

HOW TO RESIST
Turn Protest to Power

法律文化社

For Frances, Ray and Estelle
（フランシス、レイ、エステルへ）

日本語版刊行にあたって

　拙著『社会はこうやって変える！──コミュニティ・オーガナイジング入門（英語版タイトル "HOW TO RESIST: Turn Protest to Power"）』の日本語版がここに出版され、とても喜ばしく思っています。本書は、社会を変えるために、どのように人々を結びつけパワーを生み出すかについて記したものです。書かれているほとんどの話は私自身がシティズンズUKでコミュニティ・オーガナイザーとして実際経験したことです。日本の政治的、経済的、社会的、文化的背景は英国のそれと違っていることは重々承知していますが、本書で紹介している話やテクニックが、日本においてアクションを引き起こし影響を与えるのに有益であることを願っています。ここで紹介するコンセプトやツールが日本でどのように活用されたか聞くことができれば、これにまさる喜びはありません。コンテクストは違っても、人々のパワーを築き上げ、社会を変えようと頑張っている市民を活性化し、市民が、民主的アクションを起こす能力を習得することは、どの国の人々にとっても共通して必要となるものです。実際、今、世界中の人々が新型コロナウィルス危機に対する大規模な闘いの真っただ中にいます。ここ英国では、この危機が人々の間の不平等を拡大しており、普通の人々が引き起こす社会変革の必要性が強く感じられています。日本でも、英国でも、そして、読者の皆さんも、私たちも、この危機を機会に転じて、よりよい未来を形作っていけることを願っています。

　日本語版刊行実現に向け尽力いただき、日本の読者の皆さんとのコミュニケーションを可能にしてくださった全ての方々に心より御礼申し上げます。特に、このプロジェクトを立ち上げ推進してくださった藤井敦史教授、そして法律文化社に厚く御礼申し上げます。

ロンドンにて、2020年4月

マシュー・ボルトン

本書の読み方

シティズンズUKの説明

　本書の著者であるマシュー・ボルトン氏が事務局長（executive director）を務めるシティズンズ UK は、30年に及ぶ歴史を持つ英国におけるコミュニティ組織の連合組織である。1988年にニール・ジェイムソン氏が前身であるシティズンズ・オーガナイジング財団をブリストルで立ち上げ、その後、1996年にイースト・ロンドンで TELCO（The East London Community Organisations）、2000年にロンドン全域をカバーするロンドン・シティズンズ（London Citizens）を設立し、ロンドンを中心に発展してきたが、2010年代には英国全土に拡大し、2018年時点では、14の支部と450の市民社会組織をメンバーとして抱える巨大なネットワークへと成長している。

　シティズンズUKは、米国の労働運動や公民権運動を指導し、コミュニティ・オーガナイジングの祖と言われるソウル・アリンスキーが設立した産業地域財団の影響を強く受けており、本書でも詳しく述べられている生活賃金キャンペーン、シリア難民の家族を地域コミュニティに受け入れて支援する難民スポンサー・プロジェクト、家賃の高騰が著しいロンドンで、安価な住宅を提供するためのコミュニティ・ランド・トラスト等、多様なプロジェクトを展開してきた。とりわけ生活賃金キャンペーンでは、ワーキング・プアの状態にある人々の実態調査から、生活に必要な生活賃金の額を明らかにし、2011年には、生活賃金を支払う企業・行政機関・市民社会組織を認定する機関として生活賃金財団も設立させた。2020年1月段階で、6091の組織が「生活賃金認定事業所」として認定されており、そこには、HSBCのような銀行、イケアやネスレなどの大企業、大学や地方自治体、サッカー・プレミアリーグのチェルシーやリヴァプール等、多数の組織が含まれている。また、こうした民間で開始された動きは、現在では、政府をも動かし、中央政府が、実際の生活賃金より低

い額ではあるが、最低賃金より高い全国生活賃金を定め、地方自治体において
も、委託契約の際に、委託先の民間団体に生活賃金を要請する動きが広がって
いる。こうしたことから、著者のボルトン氏によれば、生活賃金キャンペーン
は、多くの低所得な労働者に対して、総額10億ポンドもの賃金上昇の効果を生
み出しているという[1]。

シティズンズUKのコミュニティ・オーガナイジングとの出会い

　以上のようなシティズンズUKのコミュニティ・オーガナイジングに、私が
初めて触れたのは、2012年にイースト・ロンドン大学で在外研究をしている時
期だった。当時、私の英語のチューターをしてくれていたアナ・ロペスさん
（現在は、ニュー・キャッスル大学講師）が労働運動の研究者であると同時に、
イースト・ロンドン大学で働く低賃金の清掃員達の生活賃金運動に関わってい
たのだ。彼女の口から、本書の第3章で詳しく解説されている「一対一の対
話」や「パワー分析」といった用語について教えてもらったおぼろげな記憶が
ある。また、彼女に連れて行ってもらったストラットフォードの教会で開催さ
れていたロンドン・オリンピック・レガシーに関する集会では、英国国教会、
バプティスト、カソリック等の教会関係者のみならず、イスラム教のイマーム
（指導者）、地域の労働組合のメンバー、大学等の教育機関の研究者や学生自治
会のメンバー等も参加しており、なぜ、このように多様な組織の構成員が一堂
に集まり、広範なネットワークを形成することができるのだろうかと衝撃を受
けた。考えてみると、この時の新鮮な驚きは、裏を返せば、日本の市民社会と
の大きなギャップから来ていたように思う。確かに、日本の市民社会において
も、今日、多くのNPOや協同組合、近年では、社会的企業（ソーシャル・ビジ
ネス）が存在し、活躍の場を広げている。しかし、日本の市民社会では、サー
ビス供給の役割が基本的に強調される傾向にあり、社会運動としての役割は後
景に退きがちだ。NPOであっても、脱政治化した市場のアクターとしての性
格を強めれば強めるほど、一般的な営利企業との差異も見えなくなっていき、

---

1)　2020年3月11日にスカイプで行ったボルトン氏へのヒアリング調査から。

市民社会としてのアイデンティティが失われてしまうのではないかという恐れもある。また、パワーという概念も欠落している。NPOと行政の「協働」が多くの自治体で謳われるようになって久しいが、市民社会の側のパワーが欠落した「協働」は絵に描いた餅で、結局のところ、単なる下請け関係を生み出していたに過ぎないようにも思われる。加えて、日本の市民社会は、パワーを生み出しようにも、あまりにも横の連携、とりわけ異質なものの間の連携を作り出すことが下手なのではないか。英国のコミュニティ・オーガナイジングに見られるようなNPO、協同組合、宗教団体、労働組合、教育機関、地縁団体間での連携といったものを見ることはほとんどない。しかし、同質的な団体の狭いサークル内での連携だけでは、政治的なパワーを生み出すことなど、夢のまた夢と言わざるをえない。以上のような日本の市民社会の現状に対する問題意識が、シティズンズUKのコミュニティ・オーガナイジングの秘密を知り、私たちが抱えている問題に対する処方箋として役立てたいという動機につながり、本書の翻訳へと突き動かしたのである。

コミュニティ・オーガナイジングの本質

　さて、それでは、本書で明かされるコミュニティ・オーガナイジングの本質とは何だろうか。本書では、ワーキング・プア、ヘイト・クライム、難民受け入れの問題等、様々な問題に取り組む英国市民社会のリアルな現状を伝える豊富なエピソードを通して、時に、著者自身の失敗談も交えながら、コミュニティ・オーガナイジングの多様な側面が生き生きと描き出されている。したがって、読者は、共感したり、笑ったりしながら、コミュニティ・オーガナイジングを実践に活かしていく際の多くの教訓やヒントを学ぶことができるだろう。そうした中から、ここでは、コミュニティ・オーガナイジングを語る上で、それを支える背骨となる二つの概念、「パワー」と「自己利益」についてだけ解説し、読者が本書を読む際の導きの糸としたい。

　第一に、パワーという言葉は、日本語では、通常、「権力」と訳され、そこには支配や抑圧のイメージが必ず付きまとう。したがって、パワー＝権力は、社会を変えようとする者にとって、多くの場合は、糾弾すべき悪の権化のよう

に捉えられてきた。それに対して、著者によれば、パワーとは、あくまでも中立的なものであり、金銭や筋肉と同じで良くも悪くも使うことができる。そして、社会を変えるためには、パワーが絶対に必要である。著者は「正義は、それを実現するパワーがある時だけ手にすることができる」という原則を提示するが、これは、正しさばかりに固執し、パワーとは距離を取り、批判や糾弾に終始する多くの社会運動に対する戒めの言葉でもある。すなわち、私たちは、社会運動を展開する際、自分たちが正しいことを証明するために、新しい社会構想のビジョンや政府や大企業を批判する論理の構築には一生懸命精を出すが、それと同時に、自分たちのパワーを高めるための努力を同じくらいすべきなのだ。

　しかし、それでは、組織的な権威や多額の資金的なパワーも持たない多くの一般市民が、どうやってパワーを手にすることができるのだろうか。著者は、他者との関係性（信頼関係や協力関係）の中にこそ、パワーが存在しているのだと主張する。何ら成果を上げられず、負け続けていたとしても、正しいことを唱え続ければ、やがて多くの人々の心に響いて、社会が勝手に変わると信じ、孤立主義の潔さをよしとするようなメンタリティは、単なる自己満足でしかない。とにかく、社会をよりよい方向に変えていきたいと思う者は、関係性を通して、パワーを作り出していくしかないということである。これが、コミュニティ・オーガナイジングの起点となる考え方だと言えるだろう。

　第二に、上記のようなパワーの源となる関係性を作り上げていく際のキーワードとなるのが「自己利益」である。この自己利益という言葉は、一見、私的な利益や既得権益を想像させるが、逆説的に、公共性、公共的な利益に至る道筋を教えてくれる。なぜなら、誰かの利益と全く乖離した抽象的な公益など存在しないからだ。逆に、誰かの個人的で具体的な利益、それは安全に暮らしたい、家族をちゃんと食べさせていきたいという自己保存の欲求かもしれないし、自己の尊厳を守りたいという欲求かもしれないが、そうした多くの人々の具体的な自己利益の共通部分を紡ぎ出していくことからしか、公共的な利益は立ち上がらないのである。そして、本書で論じられている「スティック・パーソン」や「一対一の対話」は、人々がお互いの自己利益を明らかにしながら、

その共通部分を見出すための手法と捉えることができる。たとえば、私たちは、多くの場合、社会運動を広げようと思っても、自分と同質的な人々の狭いサークルを抜け出すことができない（俗にいう金太郎飴現象）。でも、それは、あらかじめ外側に居る他者を一括りに特定のカテゴリー（たとえば、左翼、右翼、女性、若者等々）として認識しているからかもしれない。そこからは、型にはまったポジション・トークしか生まれないだろう。しかし、相手と一対一で向き合い、スティック・パーソンを用いて互いの自己利益を深く洞察すれば、そこには、多様な価値・希望・苦悩のレイヤーを持った個人が浮かび上がってくるはずである。そうした相手との丁寧な対話の中から、私たちは、互いの宗教やエスニシティが違っても、経験や感情の共有から、つながることのできる「のりしろ」を発見できる。この「のりしろ」こそが、共有された自己利益であり、人々が当事者性を以って、正に自分ごととして社会運動にコミットしていくエネルギーを生み出す基盤となるのである。

　また、ここでの「自己利益」を重視する考え方は、徹底して当事者を運動の中心に置く姿勢とつながっている。本書の第9章では、「自分でできることをしてあげてはならない」という鉄則が語られるが、これは、「自己利益」を持った当事者が主体性を持ち、自らパワーを持つようになるべきだということ、また、当事者との対話を通して「なぜ」と問うことで、社会構造上の問題が浮かび上がり、曖昧だった問題を現実的に解決可能な課題へと転換していくことができるということを意味している。ここには、一方的に与え、当事者の背後にある構造上の問題を問わない慈善の問題性、当事者の真のニーズから乖離した専門家によるパターナリズムに対する痛烈な批判を読み取ることができる。著者の「慈善ではなく正義を」、あるいは「人々は顧客でもクライアントでもなく市民だ」という主張は、こうした当事者を中心としたコミュニティ・オーガナイジングの精神を表しているのだ。

私たちにとってのコミュニティ・オーガナイジングの意味

　以上、本書で明らかにされるコミュニティ・オーガナイジングの基本的な考え方について触れたが、こうした関係性を基盤にパワーを生み出すための具体

的で実践的な方法論は、上で述べたように、あまりにもタコつぼ化して、同質的な集団の枠を越えて横の連携を作り出すことができず、それゆえに政治的なパワーの弱い日本の市民社会にとって、一つの重要な処方箋たりうるのではないだろうか。そもそも、市民社会は、NPO、協同組合、社会的企業だけではなく、労働組合、教育機関、宗教団体、社会福祉協議会、町内会・自治会等の地縁組織等を含み、極めて裾野が広い。加えて、その外側にも、私たちが連携可能な営利企業や政府機関が存在している。恐らく、私たちが、何らかの社会問題を解決する際に、地域社会でつながれていない団体は山のようにあるはずである。本書のコミュニティ・オーガナイジングは、そうした地域での潜在的な連帯関係を可視化して紡ぎ出す「使える」武器にきっとなるのではないだろうか。

　そして、このような市民社会の連帯を紡ぎ出す技術は、日本で民主主義を発展させていくためにも極めて重要である。2020年5月現在、私たちは、新型コロナ危機による緊急事態宣言下にあり、医療システム上の危機のみならず、様々な経済的、社会的危機と直面し、ストレスフルな日常を生きている。しかし、一方で、政治の世界に目を向ければ、政治家に対する信頼は地に落ち、かつ、この国の意思決定に対して何もできないという「政治的疎外感」が蔓延している。それは、ブレグジットやトランプ政権の誕生に見られる「分断のポピュリズム」、つまり、何らかの敵（移民だったり、役所だったり、外国政府だったりする）を作り出し攻撃することで、人々の不満を解消し、人気を集めるポピュリスト政治家の台頭を生み出す土壌ができつつあることを意味している。こうした「分断のポピュリズム」の動きに対して、著者は、警鐘を鳴らし、コミュニティ・オーガナイジングこそが、真の意味での民主的なポピュリズムだと語る。すなわち、民主主義の主体であるはずの市民自身がパワーを取りもどし、政治の客体ではなく、自らが政治に参加し、協働する主体となることこそがコミュニティ・オーガナイジングの目指すものなのである。その意味で、本書は、結局のところ、民主主義の書であり、より正確に言えば、デモクラシーを刷新するラディカル・デモクラシーの書として捉えることができるだろう。

　とは言え、「市民社会や民主主義の発展」と大上段に振りかざす必要はな

い。コミュニティ・オーガナイジングは、実は、私たちの個人的な日々の暮らしを豊かにしていくためにも役に立つ。たとえば、職場の人間関係であったり、御近所とのトラブル解決であったり、自分自身の生き方を捉え直すことであったり、人が社会関係の生き物である以上、コミュニティ・オーガナイジングの考え方は、私たちの日常生活で有効に使えるにちがいない。そして、まずは、私たちの暮らしの身近なところでコミュニティ・オーガナイジングを実際に使ってみることだ。身の回りの小さな問題を解決するために、今まで話そうとも思わなかった人たちと対話を重ねてみると、そこには新しい可能性が開けてくるかもしれない。そして、「社会を変える」ということは、案外、そうした小さな場を積み重ねていくことの延長上にあるのである。本書が、読者の日々の暮らしを豊かにし、身近なところから、民主主義や政治をよりよいものにしていく一助になれば、訳者として望外の幸せである。

　なお、本研究はJSPS科研費　JP18H00935および17K04579の助成を受けたものである。

訳者を代表して

藤 井 敦 史

目　　次

序　章

コミュニティ・オーガナイジングへの誘い

この本の目的

　この本は、現状に怒りを覚え、それに対して何かをしたいと考えている人、社会システムに不満を抱いている人、国の行く末に不安を覚えている人のためのものである。特定の課題に腹を立てていたり、近隣で起こっている変化に対してより多くの発言権を得たりしたいと思っている人のためのものである。そういった人たちは、ソーシャルメディアで自分の意見を投稿し、ニュースで見たものに対して文句を言ってきた。彼らは大きなデモに参加し、投票にも行っているが、さらに何ができるのだろうか。この本は、変化を起こしたいと思っている人たちのためのものだが、彼らはどうすればよいのかわかっていないのだ。

　この本は、何に関心を持つべきかを教えたり、あるいは何らかの特定の政策や政治家に与したりするものではない。私は私の価値観を持っているし、それは明らかにされるけれども、この本は、自分の信じていることに対してどのように変化を生み出していくことができるかについて書かれている。実証済の方法、そして実践的なツールと原理のセットを提供することで、どのように人々が集まり、変化を起こすことができるのかを示している。すなわち、政治システムがどのように機能しているのか、他の人々が私たちの代わりにどうやって統治しているのかについてではなく、人々が自らシステムに異議を唱え、どんな政治家がパワーを握っていようとも、意思決定に影響を与えることができる方法についてなのである。

　今、正にそのような方法が必要とされている。2017年1月には、世界中で2,100万人が連帯して行ったウィメンズ・マーチにロンドンでも10万人の参加

I

者を集めた。レジスタンスの旗の下、大西洋の両岸で抗議行動と参加者の増加が見られた。2017年6月の英国の総選挙では、18歳から25歳の投票率が約66％に上昇した。ブレグジット[1]とトランプ政権の誕生に続いて、1年間に三度目の選挙結果だったが、現状を拒絶し、エリートの期待を裏切った人々の数が予測できないほど多いことがわかった。これらは政治参加への力強く重要な変化であって、真の怒りと変化への渇望があることははっきりしている。しかし、単に投票することや散発的な抗議行動を越えて、こうした怒りを継続的な民主主義への参加に結びつけることが必要なのだ。そして、変化のために運動する活動家やオーガナイザーが生まれることが必要だ。あらゆる政治は究極的にローカルなものである。私たちには、自分たちのコミュニティに変化を起こし、選挙区で下院議員にロビー活動を展開する多くの活動的な市民を生み出すチャンスがある。こうしたエネルギーはよりよい社会を生み出すのに役立つが、怒りを建設的で協力的なものにつなげていくことも重要である。というのも、パワーを欠いた怒りは理性を欠いた逆上に陥りがちだからだ。

　問題はどのように抵抗するのかということである。抗議行動の背後にある動機はたいていよいものであるが、方法を欠いているのだ。

　「抵抗」という言葉においてさえ、劣勢な状況から行動を開始する、あるいは、主導権を他の人々に譲っていると受け取られてしまう危険がある。つまり、他の誰かが計画をもっていて、それにただ反応するだけという印象をぬぐえない。これでは、抵抗というものが、単に一回限りの象徴的な抗議行動であって、意識を高めはするものの、特定の目的やそれらを達成するための戦略を欠いているものであるかのように感じられてしまう。瞬間的に大多数の人が集結しているように見える場合も、実際のところ、たいていの場合は、たくさんの異なる大義や抽象的な原則のまわりに群がっている本質的に異質な人々の集まりなのである。もし、これが私たちの抵抗の仕方だとすると、活動に対するエネルギーが高まってきたのと同じくらい早く、期待は失望に変わるだろう

1）　ブレグジットは欧州連合（EU）からの離脱を意味するが、ここでは2016年の英国国会の総選挙での投票を指す。

し、チャンスを失うことになるだろう。

　この本は、こうした象徴的な抗議行動からパワーと変化のための戦略へと移行する方法を示している。それは、自分たちの計画を立てるためにどのように人々が集まり、その計画を達成するためにどのように協働するかに関わっている。私が受け継ぎ、今まで12年間実践してきた方法は、変化を起こしたいと考える誰にとっても習得でき、使うことができるものである。それは何も特別な地位や資格は必要としていないし、多くの資金も、考えられないほど多くの自由時間も求めはしない。政治そのものと同じくらい古くからあるもので、強大なパワーを持たない人たちが一緒になり、物事を変えることができる方法なのである。

　その方法はすべて、あなたの怒りの源泉、あるいは、あなたにとって、行動するに値すると思えるような大事なことからはじまる。それはパワーや自己利益を理解する仕方を根本的に考え直すことを要求し、これら二つの概念を、政治の動きや社会の変化といったものが実際にどのように生じるのかについての議論の中心に置くのである。それは、人々が、どのように金銭力や権威を持っている人々と闘い、勝つことができるのかということについての方法と戦術を提供してくれる。

コミュニティ・オーガナイジングの本質

　出発点は次の通りだ。もし変化を望むのならば、パワーが必要だ。共通の利益をめぐって、他の人々との関係を通してパワーを構築するのだ。そして、共に直面している大きな問題を具体的課題に分解し、必要な変化を作り出せるパワーを持っている意思決定者が誰なのかを特定することが重要である。それから、意思決定者の反応を引き出すアクションを起こして、彼らとの関係を構築する必要がある。もし、彼らが変化を実行することに同意しないのであれば、アクションのレベルを上げるか、より創造的な戦術を駆使することになる。そして、実践しながら学び、徐々に小さな成功体験を積み重ねながら、より大きな課題に対する準備を進めていく。こうした戦略を可能にするために、コミュニティ・オーガナイジングと呼ばれるアプローチを構成する一連のスキルや

ツールが存在している。

コミュニティ・オーガナイジングと民主主義の関係

　ここで言おうとしているのは、単純に、特定の課題に関心を持つ人たちが実効性のあるキャンペーンを実施できるように支援するといったことよりも重要なことだ。民主主義そのものの問題なのだ。かつて、変化を生み出したいと考え、実際に変化を起こせると信じていた人々は民主主義のために汗と血を流し、勇気を奮って闘った。チャーチストや女性参政権論者 (Suffragettes)[2][3] は、国の統治において発言権をもつ機会を得るための闘いで、収監を耐え抜き、死に直面してきた。彼らは、支配的なエリートを強制して、政治システムが、多数派の人々の影響力に対して開かれるために、組織化し、キャンペーンを行った。彼らが数年に一度投票する機会を得るために闘っていたと考えることは大きな過ちだ。彼らはパワーを得るために来る日も来る日も闘っていた。より多くの人たちがより多くの影響力を持てるように闘ってきたのである。

　けれども、徐々に私たちは混乱するようになってきた。私たちは、今日、選挙権を得ているが、国会と政治を混同し、あたかもサッカーの試合の観客のように、テレビを見たり、ツイッターをフォローしたりするものとして民主主義をみなすようになってきた。——あるいは、さらに悪くすれば、民主主義に対して完全に興味をなくし、政治家への信頼を失い、メディアへの信頼を失い、ひいては社会システムへの信頼を失っているかもしれない。民主主義は「投票

2）「1838年から50年代にかけて、普通選挙を要求して英語で展開された労働者階級の大衆的政治運動」のこと。（『世界大百科事典』第2版 [1998] CD-ROM版参照）

3）　19世紀から20世紀初頭にかけての女性参政権運動の運動家を指す。M.G.フォーセットを中心に〈婦人参政権協会全国同盟 National Union of Women's Suffrage Society (NUWSS)〉が1897年に、E.パンクハーストとその娘クリスタベルが指導する〈女性社会政治同盟 Women's Social and Political Union (WSPU)〉が1903年に結成されるが、前者はサフラジスト suffragist と呼ばれ、穏健な運動を、後者はサフラジェット suffragette と呼ばれ、戦闘的運動を展開した。なお、第1次大戦中どちらの組織も戦争に積極的に協力した結果、1918年には〈人民代表法 Representation of the People Act〉によって30歳以上の女性に選挙権が認められ、28年には21歳以上の男女に選挙権が認められるようになった。（『世界大百科事典』第2版 [1998] CD-ROM版参照）

すること」と同義ではない。民主主義は人々のパワーを意味している。民主主義は、政治的なアクションを、我々のコミュニティや職場で、日々の生活に埋め込んでいくことを意味している。そして、民主主義的な社会のビジョンとは、人々の間でパワーが分け持たれていて、少数者の手に独占されていない状態のことをいう。民主主義は最終状態なのではなく、意思決定のテーブルの席に着くために人々が闘いつづけることなのである。

　しかし、私たちはテーブルについているようには思えない。私たちは意思決定の客体として扱われているように感じている。パワーはますます小さな範囲の人たちの手に集中してきているのではないか。天下った閣僚たちは銀行家になり、新聞の編集者になり、経営者になったりしている。私たちは、自分たちすべてにとってよりよい未来が民主主義的なシステムによって作られるだろうと考えながら、偽りの安心感に陥ってしまっている。しかし、そのようになるとは思えない。トップ100に入る大企業（FTSE100）[4]の社長は、年が明けて1月の第1水曜日の昼食まで、つまり、たった2日半の仕事で、平均的な人の年収よりも稼いでしまう。一方で、今、20代の世代は、現代になって初めて親の世代よりも暮らし向きの悪い世代となるだろう。私たちが自分や子どものために欲しているのは、まともな仕事、住居、保健サービス、コミュニティであるが、それらが脅かされているのだ。

悪しきポピュリズムとしてのブレグジットとトランプ現象

　人々は目覚め、怒りを抱き、反撃する仕方を探すようになってきている。昨年、すなわち、2016年は西洋の政治制度に二つの大きなショックを与えた。つまり、ブレグジットとトランプである。全く異なった現象だけれども、一つ共通していることがある。どちらの政治的キャンペーンも人々の不満、人々がないがしろにされてきたという感情を直接的に利用しているのだ。こうした不信の感情や無力感が蔓延している中で、過去30年間の英国政治におけるもっとも

4）　FTSE100はロンドン証券取引所における株式指数を指すが、ここではそれを構成する大企業を意味しており、以下でもそのように訳した。

影響力がある「コントロールをとりもどせ」というフレーズが頻繁に使われるようになった。なぜその言葉がそれほど刺さったのか。それはムードを捉えたからだ。人々は、議会で起こることだけではなく、近隣で起こることや自分たちの生活が一体どうなるのかといったことについてコントロールを失っていると感じている。

　でも、リスボン条約第50条[5]が発動され、英国はEU離脱に向けて動き出したが、3分の2を超える人々が中央政府・議会での政治、地方政府、近隣で起こることについてのコントロールをほとんど、あるいは全く失っていると未だに感じている。一生に一度しかない国民投票は、将来、実際に生じる影響を伴うものであるが、それは政治家の小さなグループによって成し遂げられたものであり、人々がコントロールを取り戻したというわけではなかった。

　EUの利点や欠点がどんなものと考えようと、それが形式的には民主主義であったとしても、英国全土の人々の生活から遠く離れたものとなっていたことは否定できない。多くの人は欧州議会議員の名前を言えないし、EUが実際に何をしたのかを言えない。だから、人々がEU加盟の合意を撤回したことに驚くことができようか。しかし、正直に言えば、英国の国会議員と地方議員に対してすら、いかに多くの人々が同様に感じていることだろうか。政府に対しても同様だ。政治家への信頼は低下しているし、統治する側と彼らが奉仕すべき一般の人々との間のギャップは開きつつある。けれども、人々が政治システムへの信頼を失うときは非常に危険だ。人々が操作されやすくなり、誰かがスケープ・ゴートにされたり、あるグループと他のグループが戦わされたりといったことが起こりうる。

　一部のコメンテーターがポピュリズムの危険性について警告している。「人々を信頼することはできない。彼らはお互いに反目しあってバラバラになり、社会システムを解体している。彼らは自分たちにとって最善が何かを知らない」と。それでは、いったい何が答えなのか。人々からさらにパワーを奪う

　5）　リスボン条約は現在のEUの枠組みを規定するものであるが、第50条にはそこからの
　　　離脱の権利と手続きが規定されている。

6

ことなのか。恐れるべきは、人々ではなく、市民権の剥奪や不信感が広がっていることである。今、生じかねない最悪なことは、偏見を引き起こし、あるグループと別のグループを対立させようとするデマゴーグに対して、民主主義者たちが人々の政治というアイデアを譲り渡してしまうことである。私たちが見ているのは分断のポピュリズムだ。そのもとで、パワーをもった少数の人たちは、人々の不信感や参加を忌避する感情を利用し、安易に非難することができるような誰か（それは、移民だったり、外国政府だったり、不特定の邪悪な「エリート」かもしれない）を人身御供にするために、その政治的なメッセージや投票者の心理をうまく操作してきた。

新しいポピュリズムの必要性

　ポピュリズムを再生することが必要だ。『オックスフォード英語辞典』では、ポピュリズムが「普通の人々の関心をサポートすること」と定義されている。私たちは、それ以下ではなく、それ以上を求めている。この本は新しいポピュリズムを要請するものである。それは多くの人々が自らの利益を追求して政治に参加することであって、政治家による分断統治の手法としてのポピュリズムではない。人々のための人々による民主主義としてのポピュリズムだ。こうしたポピュリズムは、現在、不当な扱いを受けている人たちがよりよい仕事や住居のために協力して自らを組織化し、彼らや彼らのコミュニティに影響を与える決定に、より影響力を持つとき、本当の意味で、彼らのためのものになるだろう。そして、これは私たち全てのためにもなる。というのも、政治的な参加を通じて、私たちは民主主義制度の正当性を担保し続け、平和を保てるからである。変化を生み出す主体として、それが、どれほど大きな変化であろうと小さな変化であろうと、私たちは仲間を探さなければならないし、自分たちの利益が自分たちとは異なる他者と結びついていることを学ばざるをえない。そして、私たちは実際に物事を成し遂げようとすることを通じて、権威のある人たちも人間であり、協力したり、説明責任を果たしたりすることもできるし、たいていは信頼できると気づく。私たちは、多くの人々の参加を可能とするポピュリズムを必要としている。それにより、数十年の間、自分たちは変化

の対象として常に扱われてきたと感じてきた人々がパワーを実感し、自分たちも変化を生み出すことができると気づけるようになるのだ。

　私たちはどのようにしてそこに辿り着けるのか。政策のいくつかの変更によって、政府は「市民参画」のためのプラットフォームを作り、分権や透明性に向けて舵を切ることができる。これらの変化のいくつかは生じつつある。この種の考えは、この20年の間に英国の政治思想のなかで左派、右派どちらにおいても勢いを得てきた。ただ、問題が政治家によって解決されるだろうと考えることは間違いだ。「ビッグ・ソサエティ⁶⁾」を思い描いていたデイビッド・キャメロン首相はコミュニティ・オーガナイジングについてソーシャル・アクションを増やす有望な方法だと見ていた。彼がビッグ・ソサエティ構想を立ち上げた2010年４月のある朝、私はマイルエンドのオーシャン団地 (Ocean Estate) へと彼を案内した。そのとき、私は彼に、コミュニティ・オーガナイジングの基本目標とは、人々がパワーを生み出してそれを用いること、意思決定に対してコントロールできるようになること、そして、国家と市場に対して説明責任を果たさせることだと話した。しかし、結果的に、パワー・ダイナミクスを変えるという中核的な目的は、ビッグ・ソサエティから生じた多様で新しい取り組みには全く欠如していた。政府から資金提供されたコミュニティ・オーガナイジングのプログラムを人々は受け入れたが、根本的な不正に取り組んだり、政策変更を生み出したりするのに必要となるパワーは生み出されなかった。人々が、政治家に説明責任を果たせる能力を高めることは、内閣府の補助金ではできそうにないということなのだろう。

---

6)　労働党政権が続いた英国における2010年の総選挙で、保守党及びその党首であったデイビッド・キャメロンがマニフェストに掲げた基本概念。その含意は「政治家や官僚が有する権限を、市民やコミュニティ、民間企業などの「社会」の力を高めながらその権限を委譲していく、つまりは、Big Government から Big Society への転換を図るというものである。(市民) 社会の役割に焦点をあてている点で New Labour の考え方と重なる一方で、公共分野の大規模な予算削減など「小さな政府」路線を推し進めたサッチャリズムの特徴も垣間見える」(的場信敬 [2017]「Big Society 概念が英国パートナーシップ文化にもたらしたもの：社会的投資市場の発展から考える」龍谷大学政策学会『龍谷大学政策学論集』第６巻第１・２合併号、pp.111-114)。

政治とコミュニティ・オーガナイジング

　当時野党であった労働党の党首だったエド・ミリバンドは、コミュニティ・オーガナイジングを、労働党が草の根運動のように機能するのに役立つかもしれない方法として期待していた。彼は労働党を「シティズンズUKのようにしたい」と述べ、労働党が関係性の構築をより重視し、メンバー主導の組織となるように、米国からコミュニティ・オーガナイザーのサービスを採用した。こうした内部の文化を移行しようとする試みと並行してエド・ミリバンドは労働党の党首選のルールを「一党員一票」制とする急進的な変更を指揮した。「一党員一票」制によって、ジェレミー・コービンが急速にリーダーとして浮上し、労働党議員の大勢の判断に反して党首となったのである。人々がパワーを手にすることによって、こうした移行は、想像以上に、より有権者と波長が合う対抗文化的政治勢力を生み出している。この12ヶ月で三つ目の政治的ショック（となった総選挙）において、変化を求めるコービンの主張は、安定を求めるテレサ・メイの主張と同じくらい人気があるものと証明された。現在の与党過半数割れの国会は、それが続く限りずっと、意思決定に私たちが影響を与えるより大きな機会であることを意味している。下院において個々の議員の票は重みを持ち、とりわけ議席獲得が困難で、総選挙が間近に迫っていると予測している議員は、彼らの選挙区民が効果的に自らを組織化し、キャンペーンを行うならば、彼らの言うことを聞くだろう。今は人々が政治的活動から撤退すべきときではない。それどころか、私たちが社会の一員として向き合っている課題は、政治家、特にウェストミンスターで上記のような不安定な位置にいる政治家が担うには手に余るものである。私たちは次の選挙を待つことはできない。信じていることのために、今こそ行動すべきである。

　急速に変化する政治的勢力図について述べられることは多々あるかもしれないが、この本は政策、政党、国会についてのものではない。選挙で選ばれた政治家として私たちの社会に仕える人々に対する相応の敬意を持って、ウェストミンスターの活動や策略に向けてもっぱら書かれた有り余るほどの書籍やコラムがある。一方、この本は人々の役割についてのものである。私たちはどのようにして有能な市民となることができるのか。私たちが直面しているすべての

問題の中で、私たちの政治文化を活性化することは、政治家が私たちのために解決してくれることを期待していればよいというものではなく、確実に、私たち自身が助け合って取り組むべき問題である。

　結局のところ、民主主義の健康はガバナンスにおける自身の役割に対する人々の能力と態度に拠っている。確かに、それは、内閣と下院、並びに上院との間のパワーバランス、それに司法とメディアの独立性に左右される。しかし、これらの諸組織の説明責任と正統性は、人々の参加と参画に依存しているのだ。私の最大の関心事は、大多数の人々が民主的に参加するツールをどこで学び、自分たちの声が重要であることをどのようにして知るようになるのかという問いである。私たちはますます過熱する政治ニュースのサイクルの急展開に毎分ごとに追いついても、自分たちに影響する決定に影響を及ぼすことができないという感覚を持ったままである。私がこの本を書く理由はそこにある。そして、人々が自らの関心を、変化へと結びつける方法を提供するのだ。12年間以上にわたって市民運動を立ち上げてきた私の経験からわかったことは、人々がリーダーシップ、傾聴、協力、妥協、そして、民主的な社会を支える基本的なスキルや態度を習得するのは、社会運動や地域団体を通してだということだ。

地域社会とコミュニティ・オーガナイジング

　かつては、教会がおそらく最も重要な役割を担っていた。今日、私たちが恩恵を得ている大きな組織のいくつか、病院、学校、ハウジング・アソシエーション、労働組合、チャリティ団体について考えるならば、これらはしばしば地域の教会において作られたか、資金的な支援を得てきた。救いに対する希望と礼拝の伝統をめぐって人々を相互に結びつけることで、教会は、地域コミュニティの主要な結節点として、多くの偉大なソーシャル・イノベーションを生み出し、また、奴隷制度廃止のような多くの偉大な社会正義のキャンペーンをも生み出した。宗教と関係がない多くの人々にとっては居心地が悪いかもしれないが、私たちは以上のような役割を担う信仰のコミュニティをどうしてもまだ必要としている。しかし、他の組織も必要だ。学校、病院、職場、そこで

人々は前向きな目的のもとでいつも協力しているが、それらは、今後の数十年間、民主主義への参加の原動力となる大きな可能性を有している。しかし、そのためには、こうした組織の役割を改めて作り直し、責任と守備範囲を拡大することが必要である。病気になった人の治療、標準到達度試験（SATs）[7]や一般中等教育修了証（GCSE）[8]の成果、短期株主への配当といったより狭い関心事にこだわり続けるよりむしろ、民主主義のスキルを教え、使えるようにすること、社会問題に対する新たな対応の仕方を開発すること、前向きな政治的変化のために対話や協議を促進することといった新たな市民的な責任に関心を向けることが必要である。

　既存の市民組織を活性化し、新しい組織を生み出すことにこそ、政策対象者や消費者としてではなく、市民による社会にとって最大の希望を見出すことができる。解放の次の段階は、有効な政治参加の中で人々が学ぶことを通じて達成される。しかし、私たちは岐路にある。人々に変化を起こすスキルを備えさせなければ、そして、彼らがパワーを持っていることを信じなければ、人々は無関心であることに甘んじ、彼らの代わりに統治している人々への信頼を失い続け、彼らの不満を利用することでパワーを獲得しようとする人々による操作と分断の影響を受けるだろう。怒りは、民主的なアクションへと結びつけられる必要がある。政治は、実のところ、政治家に任せてしまうには重要すぎるものなのだ。だから、投票すべきである。いつも投票しなければいけない。だが、それは最低限のことであって、あなたの民主主義はあなたを必要としている。そう、あなただ。

　今後、数十年にわたって私たちが直面する大きな課題について考えるとき、一人の個人として何ができるだろうか。子どもたちを学校に連れて行き、請求書の支払いをし、仕事で１週間を何とか切り抜け、書類に記入するのを忘れず時間通りに送付するだけで十分闘いである。二日酔いと通勤ラッシュを生きぬ

---

7 ）　Standard Assessment Tests、英国における初等・前期中等教育段階における到達度試験のこと。

8 ）　General Certificate of Secondary Education、義務教育段階（前期中等教育段階）修了時に受験する試験によってA～Gの段階で評価される。

くことですら大変だ。生活の苦難は私たちすべてに共通している。しかし、社会を変えた歴史上の偉大なストーリーに登場する個人はすべて、正にあなたや私のような普通の人たちなのである。この本は、彼らがどのようにしたのかについて書かれている。そこで、以下では、2人の人物について、そして、彼らが社会を変化させた二つの瞬間について、また、彼らが共通して持っていた二つの予想もしていなかった共通点について考えてみよう。

二つのストーリー　ローザ・パークスとアブドゥル・ドゥラーン

　あなたは、ローザ・パークスのストーリーはおそらく知っているだろう。アフリカ系アメリカ人女性で、彼女は、バスで運転手が、白人男性のために黒人乗客が座席を譲るように頼んだ際にそれを断ったことで有名である。1955年の彼女の逮捕は、強く激しい社会的な非難を高め、モンゴメリー・バス・ボイコット事件[9]が始まった。公共バスのボイコットは381日間続き、バス乗客のおよそ4分の3が代わりに歩くことを選んだ。若きバプティスト教会の牧師であったマーティン・ルーサー・キングJr.は、モンゴメリー改良協会 (Montgomery Improvement Association)[10] のリーダーに任命され、ボイコットの組織化を支援した。ちょうど1年を過ぎた後、合衆国最高裁判所はバスで人種隔離を行うことは憲法違反であると判決した。これは大きな勝利であり、アメリカの公民権運動におけるターニング・ポイントとなった。1人の勇敢な女性がキャンペーンを引き起こしたことが歴史の流れを変えたのだ。

　アブドゥル・ドゥラーンのストーリーはおそらく知られていない。黒人イギリス人でムスリムである彼は、未来的な国際資本の中心地であり、超高層ビル

9）　ローザ・パークスが人種別に座席が指定されていたバスで指定された座席に座ることを拒否したことで人種隔離法違反に問われ逮捕されたことに端を発する抗議運動。注10もあわせて参照のこと。

10）　ローザ・パークスが裁判で有罪判決を受けた1955年12月5日に上級裁判所の提訴によって人種隔離法の妥当性を問う法廷闘争を行うことと、非暴力主義のバス・ボイコット運動を呼びかけることを決定し、モンゴメリー改良協会が組織された（カーソン、C・シェパード、C.編［2003］『私には夢がある——M・L・キング　説教・講演集』梶原寿監訳、新教出版社、p.14ff.参照）。

と宝石店であふれているカナリー・ウォーフのHSBC本社で清掃員として夜間
働いていた。アブドゥルは、最低賃金の不安定雇用で働く数多くの労働者の一
人だった。彼は毎晩、銀行の会長として1年あたり200万ポンドを稼ぐジョ
ン・ボンド卿のオフィスを清掃していた。2003年の年次株主総会の際に、アブ
ドゥルは、清掃員としてではなく、株主として参加した。他の人々と協力して
株を購入し、会社が毎年公的な説明責任を果たす場に合法的にアクセスするこ
とができたのだ。彼はすべての投資家と経営幹部を前にして、非常に緊張しな
がら立ち上がり、そして次のように言った。「私たちは同じオフィスで働いて
いますが、違う世界に住んでいます。時給4.5ポンドで働き、6人の子どもを
育てるということがどんなことなのか話をさせてください」と。この言わばダ
ビデ対ゴリアテのような対決は大きく報じられ、18ヶ月のうちにHSBCや近
隣のバークレイズ銀行は清掃員の給与を上げた。これが英国における生活賃
金キャンペーンのターニング・ポイントだった。このキャンペーンは何十万
もの人々をワーキング・プアから脱出させ、最低賃金についての政府の取り組
みを変化させた。

　ここには思いがけない二つの共通点があるのだが、それは何だろうか。第一
に、興味深い余談として、マーティン・ルーサー・キングJr.が1968年にテネ
シーで暗殺された時に参加したデモは、彼が世界でおそらく最も有名な公民権
運動のリーダーとなった後のことだが、清掃員の生活賃金に対する抗議だっ
た。ほぼ40年後、全く同じ課題についてアブドゥル・ドゥラーンは違う場所で
戦ったのである。第二に、ローザ・パークスとアブドゥル・ドゥラーンはどち
らもキャンペーンに関して訓練されていた。2人は社会の変化を目的とした組
織のリーダーだった。彼らの行動は個人の勇気によって自然に引き起こされた

11)　年端もいかない羊飼いの少年であったダビデが投げ紐で石を、6アンマ半すなわち3m
　　ほどの巨人の兵士であるゴリアテ（ゴリアト）の額に当てて倒したという旧約聖書「サ
　　ムエル記上」第17章1～54（新共同訳［2007］『聖書―旧約聖書続編つき』日本聖書協会、
　　p.（旧）454ff.）の話による。
12)　労働者が最低限度の生活をしていくのに必要な給与水準のこと。いわゆる最低賃金よ
　　り高く設定されており、生活賃金を支払う企業は認証を受けることができる。

ものではなかった。それらのターニング・ポイントは、社会の変化に対して影響を与えようと協力している人々による継続的な戦略の一部として計画、調整された重要な瞬間であった。これらのストーリーは歴史の流れを変えた単独のヒーローやヒロインを主人公として語られがちである。こうした話は私たちを勇気づけるかもしれないが、ほとんど真似ができないほど、並外れて超人的な印象を与える。どうして彼らは突然そのようなことをすることができたのか。真実は全く異なったものである。彼らのストーリーから受け取ることができ、自身の生活で実践することができる戦略や方法があるのだ。

　ローザ・パークスは、バスでアクションを起こす10年前から公民権を求める闘争で活動していた。彼女は全米黒人地位向上協会（the National Association for the Advancement of Colored People）のモンゴメリー支部の事務局長だった。彼女は、公民権活動家の中心であるハイランダー・フォーク・スクールで教育を受けていた。そして、モンゴメリーの全米黒人地位向上協会は少なくとも１年間バス・ボイコットの計画を立てていて、裁判に訴えるテスト・ケースとしてふさわしい人物を探していた。その年、座席を譲ることを断った少なくとも３人の黒人乗客がすでにいたのだが、それらのケースは、彼らの戦略が成功するための素材とはならなかった。しかし、ローザに関してはうまくいったのだ。

　2003年、アブドゥル・ドゥラーンは、シティズンズUKの一部である、イースト・ロンドン・コミュニティ組織（The East London Communities Organisation）[13]のリーダーだった。彼はシティズンズUKのコミュニティ・オーガナイジング・プログラムでリーダーシップとパブリック・アクションについてトレーニングを受けていた。コミュニティ・オーガナイザーたちは、カナリー・ウォーフ周辺で２年間、清掃スタッフとミーティングを重ね、潜在的なリーダーを掘り起こし、可能なアクションを試しながら準備してきたのである。あの日、銀行の年次株主総会で、アブドゥルはイーストロンドンの聖職者、コミュニティ・オーガナイザー、その他の人たちによるチームの一員だったのだ。メ

---

13)　TELCO、シティズンズUKのイースト・ロンドン支部であり、80以上の市民社会団体が加盟している。（https://www.citizensuk.org/east_london）

ディアも、彼らがこのアクションを報道できるように、事前に知らされていた。数千人を巻き込んだキャンペーン、HSBCの支店や本社の外で行われてきた他の多くのアクション、これらすべてのパーツによって突破口が開いたのである。すなわち、チーム、トレーニング、プランニング、失敗した企てといった、ストーリーではよく知られていない部分が重要なのである。そのような全体の活動があって、よりストーリーの展開が明確になる。ローザやアブドゥルはスーパーマンでないことははっきりとわかったはずだ。ローザとアブドゥルはトレーニングを受けており、方法と戦略に従った組織的な活動の一部であった。彼ら２人は、他の人々と共に行動しながら、とりわけ目立った役割を担ったにすぎない。こうしたエピソードに触れることで、きっと、あなたは、自分はどんな役割を果たせるのか、どんな組織の一員となるべきなのか、そして、どのような方法を使う必要があるのだろうかといったことを考え直すだろう。

変化に結びつかない運動──何が欠けているのか？

　将来、21世紀において社会を変えた重要な瞬間を人々が振り返るときに、誰について語るだろうか。それは、あなたかもしれない。世の中には何十万もの人たちが変化を起こしたいと思っているのだ。しかし、疑問は残ったままだ。私たちは、こうしたエネルギーや潜在的可能性をどうやって真の肯定的な変化へとつなげることができるのだろうか。

　私が思い出すのは、2008年の経済危機のことであり、この経済危機が自分たちの経済の未来とシステムにとってどのような意味があるのかを考えたときに、多くの人々が経験した怒り、不安、そして自己省察である。それは、人々が変化のためのパワーを本当に必要した瞬間であり、普通の人々の関心によって政治的反応が引き出された瞬間だった。だから、「オキュパイ・ロンドン運動」[14]が資本主義を変えるのだというラディカルな要求を掲げて立ち上がったとき、当初、人々の希望は高まった。この抵抗運動は連日ニュースや新聞の一

14）「反資本主義」を掲げ、2011年10月15日からロンドン証券取引所を占拠しようとした抗議運動。ただ、裁判所の差止命令によってセントポール大聖堂前の広場にキャンプを設置し、2012年６月14日まで続いた。

面を飾った。もしかしたら、これは何らかの変化が本当に起こるのではないかと思わされた。

　だが、何が起こっただろう。抗議行動に参加した人たちは不平等を終わらせ、政府の財政支出削減を反転させ、グローバル経済システムの全面的な見直しを望んでいた。当初、抵抗運動はロンドン株式取引所の外側でキャンプするつもりだったが、差止命令によって阻まれた。そのため、結局、セントポール大聖堂でのキャンプに落ち着き、大聖堂の広場は、抗議行動に参加した人たちで埋め尽くされた。しかし、2011年から2012年にかけての3ヶ月間で、抵抗運動は、セントポール大聖堂の外側の今にも崩れそうなテントが立ち並んだキャンプへと変貌し、この運動の最も明確と言える成果は、金融システムのどのような変化でもなく、英国国教会の何人かの聖職者が辞職したことであった。正しい動機と正しいタイミングの運動だったとしても、方法と戦略がなければ、グローバル資本主義の行きすぎに立ち向かったところで、大して成果をあげることはできないのだ。結局、こうした運動から人々は離れてしまう。というのも、役に立たないように見えるからである。

　さらに、私の記憶は2003年2月の反戦運動にまで遡る。私が参加した最初のデモであり、そのとき、およそ100万人がイラク侵攻の提案に対して抗議するために集まった。英国史において最大の抗議行動であり、世界中の600もの都市で起こったデモの波の一つであった。しかし、それでもイラク侵攻は翌年に行われた。戦争は、結局、大惨事となり、イラクに大量破壊兵器が存在するという主張も誇張であったことがわかった。人々の主張は正しかったが、政治家たちは、お構いなしに戦争を続け、悲惨な結末をもたらした。そして、このときの非常に大きな抗議行動は、後になって、自分たちはずっと嘘をつかれていた、また、自分たちの政治的代表者たちは信用できないという感覚につながった。おそらく、その後の国際介入を考えるあらゆる政治家にとって、ハードルは一層高くなったのである。例えば、シリアでの紛争のように。だから、いくつかの効果はあったと言えるけれども、デモに参加した大多数の人々が経験したことは、抗議行動では目的を達成できないということだった。私は、抗議行動はやるべきよいことではあるが、成果をもたらさないと考え続けてきた。何

かもっと私にできたことがあったのではないのか。そして、おそらく、あなたも、以下のような会話をした覚えがあるのではないだろうか。

あなたの友人：デモはどうだった。
あなた：よかったよ。多くの人がいたし、雨も降らなかったからね。
あなたの友人：よかったね。ところで、結果的に、どんなことが起こるんだい。
あなた：わからないよ。でも、行けてよかったよ。

変化を起こすために必要なコミュニティ・オーガナイジングの手法

　そう、この本は単なるデモを越えてあなたができることについて書かれている。毎日、毎週、あなたが帰宅してから日常生活の中でできることだ。どうやってあなたが大事だと考えている特別なものに焦点を定め、具体的な変化を生み出すために他の人たちと協力し、小さな変化を積み重ねながら、それを大きな変化へとつなげていくのか。こうした方法は、これまでの長年の経験の中で試され、検証されてきた「コミュニティ・オーガナイジング」と呼ばれるものだ。

　バラク・オバマは、法律家として訓練を受け、後に大統領になる以前は、コミュニティ・オーガナイザーだった。彼は、現在、コミュニティ・オーガナイジングの原点に戻る、あるいは少なくとも、コミュニティ・オーガナイジングを支援することに精力を注ぐと語っている。この方法は、法制度上の変化という驚くべき成功を成し遂げるとすぐに雲散霧消してしまった合衆国の公民権運動のフラストレーションを背景として発生してきたという側面を一面では持っている。コミュニティ・オーガナイジングはアメリカ人のソウル・アリンスキーによって提唱され、その後さらに、シティズンズUKの合衆国での姉妹組織である産業地域財団（Industrial Areas Foundation）によって確立された。[15]シティズンズUKは、それを、これまで25年にわたって英国の文脈に合わせて修

---

15)　1940年にソウル・アリンスキーらによって設立された米国初で最大のコミュニティ組織であって、コミュニティの改善のために様々な垣根を越えた活動を行ってきた。（https://www.industrialareasfoundation.org/）

正してきた。コミュニティ・オーガナイジングは、市民を訓練し、コミュニティを強くし、少しずつ改善することを生み出すことができる人々のパワーを基盤とした永続的な組織をつくることを目的としている。

　変化を起こすためのすべての多様なアプローチの中で、私は三つの理由から、コミュニティ・オーガナイジングに焦点を合わせている。第一に、そもそも、私が知っていることだから。第二に、初めはとても小さなパワーしか持っていない人を含め、誰でもが利用可能な方法だから。すなわち、この方法は大金や高い地位、高度な技術的なスキルも必要としない。必要なのは、変化のために他者と協働したいという情熱だけだ。第三に、なんと言っても、この方法は、有効なのだ。私は、10年間以上、コミュニティ・オーガナイジングに従事してきたが、普通の人々がこれらのツールを用いることで普通ではないことを成し遂げるのを見てきた。たとえば、私は、何千もの人々と協力しながら、英国の生活賃金キャンペーンを作り上げてきたが、このキャンペーンでは、15万人以上の低賃金労働者のために、数億ポンドの賃金増を勝ち取ってきた。生活賃金キャンペーンでは、多数の雇用者に対して、法定の最低賃金を越えた、本当に生活にかかる金額を賃金として支払うように促してきた。我々の生活賃金キャンペーンは、世界中で生活賃金運動を触発し、英国で新しい政治的コンセンサスを生み出した。保守党政権が2015年に「全国生活賃金」を発表した時（最低賃金より高い金額ではあるが、完全な生活賃金とは言えなかったにしても）、それは地域の草の根運動として始まった社会運動の力が、ついには数百万の低賃金労働者により高い賃金をもたらしたことを意味していた。大きなキャンペーン以外にも、近隣の諸課題や生活の糧について、小規模な数えきれないコミュニティ・オーガナイジングの成果がある。もちろん、誤りや無駄な努力、笑ってしまうような失敗もある。この本では、サクセス・ストーリー以外にも、こうした失敗談も部分的に盛り込むつもりだ。

　コミュニティ・オーガナイジングは、いつも次の質問から始まる。あなたは何に怒りを覚えるのか。それは、道路のくぼみだろうか、暖房を未だに修理してくれない大家だろうか、時間外なのに給与を支払わずに働かせる上司だろうか、あなたの子どもたちにふさわしい基準に合致していない地域の学校だろう

か、あなたの病弱な父親が毎週担当するケアワーカーが違っているためにスト
レスを感じているという事実だろうか。それとも、メディアの独占、あるい
は、ロンドン銀行間取引金利システムの不正工作[16]だろうか。あなたの怒りの
背後には何があるのだろうか。なぜこれらのことがあなたにとって大事なのだ
ろうか。あなたの価値観はどこから来ているのだろうか。あなたのルーツはど
こにあるのだろうか。それがすべての始まりであり、あなたを突き動かす源泉
なのだ。

　だから、ここで、私も自分自身を突き動かしているものが何なのか、そし
て、それが私のストーリーとどのようにつながっているのかということについ
て、少し時間をとって述べるべきだろう。私は白人であり、ケンブリッジ大学
を卒業している。多くの他の人々が直面しなければならなかった障壁を人生に
おいて経験してはいない。だから、私のストーリーは、大きな個人的な逆境を
乗り越えてきたといったものではない。私が最初オーガナイジングを始めた
時、そのことで居心地の悪さを感じたし、自分についての説明を飛ばして眼の
前の課題についてすぐに話そうとしがちだった。しかし、時が経つにつれて、
自分のバック・グランドがどのように私を形作ってきたのか、そして、どのよ
うに私が現在担っている役割へと辿り着いたのかが、少し明らかになってきた。

私自身のストーリー

　私は南ロンドンにあるフォレスト・ヒルのホーニマン公園をはるかに見渡す
実家で育った。兄と私はフェンスを乗り越えて、あたかも公園が自分たちの家
の裏庭であるかのように使うことができた。私の両親は心理学者と精神療法士
であり、2人とも国民保健サービス（National Health Service）[17]で働いていた。父
の家族はシェパーズブッシュ出身の労働者階級であり、記憶で系譜を遡れる限

---

16)　Libor Scandal（London Interbank Offered Rate）のことを意味している。少なくとも
　　1991年から市場操作が行われていたという元トレーダーの記事が2012年Financial
　　Times誌に掲載されたことから発覚した不正。
17)　1948年に税金を財源として創設された国営の健康保険サービスで、原則無償で医療が
　　提供される仕組みのこと（厚生労働省［2019］「2018年　海外情勢報告」参照）。

りでは、ロンドン子の家系だった。一方、母の家族は中産階級であり、ノース・イーストが出自でミドル・イングランドに住んでいた。彼らは、私が4歳のときに別居し、7歳のときに離婚した。私が本当に幸運だったのは、2人の素晴らしい思いやりのある両親が居たことだ。父は子煩悩だった。けれど、母は一人親世帯ながら独力で2人の男の子を育てなければならなかったのである。

　兄と私は、地域にある公立のホーニマン小学校へ通ったが、中等学校を探す段になると、母は私立学校で私たちを教育しようとした。1990年代初め、地域の公立中等学校は荒廃していた。母が後に話したところでは、もし私たちをそこに通わせていたら、自分で子どもたちの安全を確保し、不良にならないようにまともに育てることができるかどうか自信が持てなかったそうである。11歳になって、私は奨学金を得て、ダリッジにある共学の私立学校であるアレンズ校に通うようになった。思い返すと、私は、そこでの教育や環境から恩恵を被ることができて非常に幸運だった。しかし、この学校はしっくりこなかった。とりわけ場違いだと感じていたわけではないのだが、中身のない特権と南ロンドンの現実とのギャップに不快感を感じ始めていたのだ。10代の頃、二度近所でナイフを突きつけられてかっぱらいに遭った。何度か顔を殴られたし、手荒なカージャックにも遭った。現実よりも悪く聴こえるようには語りたくないが、それらは確実に起こったことだし、兄と私はいつも内心この地域の子どもは刺されるのだと認識していた。しかし、この学校は学校自体に満足しているようで、学校の外側で起こったあらゆる問題について関心を示さなかった。ある朝、実際、校長は集会を始める際に次のように述べた。「椅子に腰かけてクリケットのボールを打つ音を聞くと、ダリッジに住んでいることがなんと素晴らしいことかと思う」と。

　私は16歳でそこを離れ、エリオットという名の公立学校の高等教育準備課程（sixth form）[18]に入った。本当に素晴らしい教師が何人かいたが、学校は自分たちに関わりのある事件（誰かが喧嘩の最中にフェンスに突き刺さったり、車が昼食時

18)　英国の初等中等教育は5歳から18歳までとされるが、そのうち義務教育期間が16歳までで14歳から16歳に注8で述べたGCSEを取得し、その後の教育段階として置かれているものである。（文部科学省［2019］「諸外国の教育統計　平成31年度版」参照）

に火をつけられたりしたのが際立った二つの事件だった）の尻ぬぐいをしていた。そして、学習に貢献するような雰囲気を維持することは時として闘いであり、一部の教科ではＡ評価をとる者が何年もいなかった。こうした異なる学校やサークルでの経験が、不平等に対する私の眼を開かせた。そして、それ以来、不平等に対して眼が閉じられることはなかった。私の一部の友人たちは私立学校に行き、家族ぐるみの友人と一緒にシティで職場体験を積んだものもいる。さしずめ、まともな大学と素晴らしいキャリアへと向かうベルト・コンベアのようだ。一方、他の友人たちは、帰宅途中、階段の吹き抜けでギャングをよけ、母親が夜働いている間、妹の面倒をみて、ガス代を支払うためにお金をかき集め、そしてやっとのこと宿題に取り掛かろうとしていた。私に怒りを抱かせたのは、現実に存在している不公正だけではなかった。成功は、どれだけ優秀で、どれだけ一生懸命に取り組むかで決まるという通説が一般的に社会で語られているという事実に対しても憤っていた。失敗するのは、自分が悪いからだという通説。こうしたお手軽な嘘が、私を怒らせたのであり、今なお、怒らせ続けている。

　私のルーツはこうした経験にある。というのも、そのとき以来、私は勉強したいことがわかり、大雑把に、自分のしたいことが何なのかわかったからである。私は、なぜ若者が人生のチャンスを不平等に与えられながら成長するのかを理解する必要があったし、それについて何かをしたかったのだ。大学を出てすぐにシティズンズＵＫの生活賃金キャンペーンで働き始め、この12年間にわたり、非常に幸運にも、変化を起こすために重要なものを築いてきた。辛く、疲弊し、イライラするようなとき、今は生活賃金を受け取っている何人かの人たちのことを考えるようにしている。彼らは、臨時雇いを辞めて、今は、家で子どもたちと一緒に食事をとり、宿題を助けてあげることができる。そのことが私にとって大事なのだ。自分自身の息子を持ち、仕事と子どものバランスをとるということがどんなことなのかがわかった今では、一層そう思う。ましてや一人親であったり、最低賃金であったりすれば、なおのこと、そうだろう。

あなたという物語を紡ぐ

　この本を読む時、あなたが怒りを感じることや自分のストーリーを当てはめてほしい。あなたが個人的な困難に直面しなければいけなかったかどうかは重要ではない。重要なのは、あなたが誰であり、何に関心をもっていて、それはなぜなのかということだ。これらのストーリーは、私たちを人間らしくするものであり、お互いを結びつけるものである。もし世界を変えるために、力強い人々の運動を構築しようとするなら、私たちを支え続ける共通の経験、目標、利益をめぐって、関係と信頼を構築することになるはずだ。

　この本は、一つの論証として企図されているので、順番に読んでもらう必要がある。第1章と第2章は、二つの基本的なコンセプトであるパワーと自己利益について探究する。第3章と第6章は実践的な章であり、コンセプトや議論に命を吹き込む実習やオーガナイジングや運動に使えるツールを含んでいる。第4章と第5章は、いかにして特定化された目標を発展させ、それを効果的な行動へと結びつけるかについてである。第7章では、異なる変化のための戦略を考え、それらのアプローチの専門家から話を聴き、より大きなインパクトを与えるために、多様なアプローチをどのように結びつけることができるか考えていく。第8章は、これらすべてを実施するために、時間をどのように見出すことができるのかということを扱う。最後に、第9章は、オーガナイジングの鉄則についてである。楽しみにしておいてほしい。

　さて、結局のところ、この本はコントロールを取り戻す方法についてのものである。一生に一度あるかないかの国民投票や一回限りの象徴的な抗議行動を通じてではなく、日々の生活で使用できる実践的なツールを通じてこそ、意思決定により影響を与え、あなたのパワーを市民として実現することが可能になる。これらのツールは、あなたが見たいと思っている変化——大きなものであれ、小さなものであれ——を起こし始めることに役立つだろう。それは成し遂げることができるのだ。

第 1 章

変化を起こすためにはパワーが必要だ

パワーは悪いもの？

　ビートルズは「あなたにとって必要なものは愛だけだ」と歌ったが、彼らは間違っていた。「パワー」という言葉を聴いた時、どんな異なる言葉が同時に思い浮かぶだろう。支配、権威、抑圧…。そして、どんな人間を思い浮かべるだろう。独裁者、大統領、メディア界の大物。平和、自由、平等といったことに価値を置く人々は、パワーという言葉に、通常、違和感を感じる。彼らは、本能的に、パワーの弱い人々、弱者、若者、傷つきやすい人、敗北者の側につく。そして、彼らは、パワーの強いものを嫌い、それどころか、パワーそのものを嫌うようになる。あなたは、パワーを持っている人々が、いつも悪いわけではないこと、パワーはよいことに対しても利用可能であることを知っており、パワーを悪いものだと簡単には決めつけられないと思っていたとしても、自分自身がパワーに飢えていることを自発的に認めるだろうか。ほとんどの場合、違うだろう。しかし、こうしたパワーに対する強いネガティブな連想は、実際のところ、私たちの価値をアクションに結びつける際の有効性を大きく損なってしまう。

　なぜだろうか。「正義の基準というものは、それを強制できるパワーの平等に左右される」からだ。それは、紀元前5世紀のトゥキディデスの頃から当[1]てはまるもので、今でも、世界中で当てはまる。

1）　ギリシャの古代アテネの歴史家であり、トゥキディデス（1967）『戦史（上）（下）』久保正彰訳、岩波文庫などの著作がある。

第一原則　正義は、それを実現するパワーがある時だけ手にすることができる

　このことが意味するのは「正義は、それを実現するパワーがある時だけ手にすることができる」ということであり、これは、変化を生み出すための第一原則である。

　OEDの定義によれば、パワーとは「何らかの重要なことを行う能力」であり、「一連の出来事に影響力を発揮する能力」のことである。そこにネガティブな意味は何もない。パワーが本来的に悪であり、抑圧的であるということは全くないのだ。金銭や筋肉のように、それらは、よいことのために使うこともできれば、悪いことのために使うこともできるのだ。

　あなたが関心を持つ課題、たとえば路面に開いた穴、社会保障システム、ゼロ時間契約といったことは、その問題を解決しようとすること自体、道徳的に正しいことかもしれないし、よいアイデアなのかもしれない。しかし、パワーを持っている誰かが、変化を起こさない限り、何も変わらない。あなたが正しいかどうかではなく、どの程度のパワーを有しているかどうかが、あなたが自らの望む変化を起こせるかどうかを決定する。社会変革を起こすために、パワーを追求することは、あなたが大事にしている価値をあきらめることではなく、どうやって価値を実現するかということに現実的になることなのである。価値を実現するためのパワーを追求しないのは、理想主義でしかない。マーティン・ルーサー・キングJr.は、こう言っている。

　「愛のないパワーは、無責任で、悪用されるものだが、パワーのない愛は、センチメンタルで弱々しい。最高のパワーは、正義の要求を実行する愛であり、最高の正義は、愛に背くすべてのことを正すパワーである。」

2）　オックスフォード英語辞典（Oxford English Dictionary）の略。

3）　ゼロ時間契約とは、週あたりの労働時間が明記されていない雇用契約のことを指し、報酬は就労時間の分だけ支払われる。雇用主は、仕事を提供する義務がなく、労働者の側は常に待機状態にされ、待機時間は無報酬となってしまう。英国では、こうしたゼロ時間契約が低賃金の職種で広がっていると言われている。山下順子（2014）「ゼロ時間契約の増加はなぜ問題か」労働調査協議会『労働調査』2月号、pp.1-2を参照。

説明責任を果たさないパワーは腐敗する

　しかし、あなたは、まだしっくりこないかもしれない。よい意図を持ってパワーを得たのに、誤った方向に進み、戦争を始め、貧しい人々を搾取し、それでもパワーを放棄することを拒否し続ける人々のすべての事例をどう考えたらいいのだろうか。「パワーは腐敗しやすく、絶対的なパワーは絶対的に腐敗する」という有名な警句は歴史家であるアクトン卿によるものだ。しかし、この警句はしばしば誤解されている。彼は、説明責任を果たさないパワーに対して批判しているのであって、パワーそれ自体について批判しているのではない。アクトン卿のこの警句は、カソリック教会が「教皇は間違ったことをしない」というローマ教皇の無謬性を神聖化しようとする動きに対して批判するために書いた手紙の中で発せられた。そこで、彼は続けてこのように言っている。「教会という組織がそのトップを神聖化することほどひどい異端はない」。パワーを持つ者が説明責任を果たす必要があるように、パワーの弱い人々は、彼らに対して説明責任を果たせるために必要なパワーを協力して作り出す必要がある。

人々のパワーの欠如

　アクトン卿の言っていることは、絶対的で説明責任を果たさないパワーは腐敗するという点で正しい。しかし、パワーの欠如についても同様である。パワーの欠如は、恐れ、怒り、不健康や無気力を生み出す。多くの人々のパワーの欠如は、少数者のパワーとその腐敗と同様に大きな問題である。この二つの理由から、私たちの民主主義は、それを緊急に活性化させることが必要だ。私たちは、パワーを持っている人々に説明責任を果たさせると同時に、人々の間でパワーを作り出すことを必要とする。パワーについての本当の問題は、その腐敗ではなく、その不均等な配分にある。トップ100に入る大企業の社長と契約清掃人、メディア王と難民の子ども。確かに、民主的なパワーは、一人一票によって平等に配分されているし、経済的なパワーは、才能があって努力する人々が成功することができる平等な機会によって公正かつ能力主義的に配分されていると考えられている。しかし、こうした私たちの現在のシステムに関す

る便利な神話は、パワーの配分の現実を覆い隠しているのだ。そして、いかにして強大なパワーを持っている人たちに説明責任を果たさせるか、いかにしてメディアの独占を打ち破るか、いかにして国外のタックス・ヘイブンを閉鎖するか、いかにして企業の役員会に労働者を入れるか等、私たちは、こうした事柄に関するアイデアを持っていないということではない。私たちに足りないのは、アイデアを現実に変えるパワーなのである。

よりよい社会のためにパワーを生み出す

　私たちが手にすることのできる正義は、それを強制するパワーを有している正義だけである。そして、この本は、よりよい社会に関する大きな構想を示すものではなく、よりよい社会に至るためのパワーをどのように作り出せるかを扱っている。

　パワーの強い人々は、多額の金銭を有しているか、大規模な組織で権威のある地位を有している、あるいは、その双方である場合が多い。あなたが、もし金持になること、あるいは、権威のある地位に就くことを望むのであれば、そうなればいいと思うし、うまくいった場合でも説明責任を果たしつづけてくれることを希望する。しかし、そうしたルートは、不可避的に、非常に限られた少数の人々にしか開かれていない。この本は、誰にでもアクセス可能な方法で、そして本来的に私たちの共通の関心事に根差した方法により、大多数の人々の間でパワーを作り出すためのものだ。そして、共通の利益や共有された価値を軸に他者との関係を通してパワーを作ることが重要なテーマになっている。こうしたやり方は、トップ100に入る大企業の社長、メディア王、内閣の大臣に対しては弱いのではないかと思うかもしれない。しかし、関係性と集団的なアクションの力は、パワーの弱い者達が金銭や権威のパワーに対抗して持ちうる唯一の防御手段なのである。人々のパワーの勝利によって、私たちは、民主主義と平等を求める闘いにおいて、ここまでの道程を一段一段前へと進んでいくことができた。それでは、私たちは、こうした人々のパワーをどのように作り、利用することができるのだろうか。

私たちに必要なマインド・セット

　第一に、私たちは、変化と同様にパワーを欲するようになるために、パワーに関する否定的な連想から抜け出す必要がある。どのような違いを生み出すべきかについて語るのと同程度の時間を、いかにして私たちがよりパワーを持つことができるかについて解き明かすことに費やす必要がある。第二に、私たちは、パワーの弱い人々が何年にもわたって負け続けることで慣れきってしまったマインド・セットや行動から抜け出さなければならない。それは、たとえば、以下のようなことだ。

　①完全に無力だと感じること
　②あらゆる妥協を排除し、実利よりも道義に基づいた損失を選んでしまうこと
　③パワーのある人々をステレオタイプ化し、自分たちの側が道徳的な正しさ
　　を独占していると信じてしまうこと

逆に、私たちが必要としているマインド・セットは以下のようなことだ。

①誰もが何らかのパワーを持っている。パワーの少ない人々も、彼らが思っ
　ているよりもパワーを持っている傾向があるし、彼らは、十分に戦略的に
　パワーを使っていない。関係性を構築し、正しいアプローチを用いること
　で、時間をかけてパワーを作り上げていくことは可能である。
②非暴力的なやり方で、社会変革を達成することは、小文字の政治によって[4]
　可能となる。それは、自分が持っているパワー、或いは、現実的に構築しう
　るパワーでもって、人々と協力して自分たちに可能な最善の成果を得る技
　法である。あなたは、自分自身の究極的な目標に関して、自分が越えたく
　ない一線を明らかにしておくことができるし、自分の意見を貫くことがで
　きる。しかし、それでも、何らかの目に見える前進のために、現実的な妥
　協が必要な場合もある。漸進的な変化を達成するために妥協することは、

　4）「小文字の政治」とは、政府レベルでの意思決定をめぐる「大文字の政治」に対して、
　　ローカルな領域で共通の課題をめぐってなされる市民間の協議や意思決定を意味してい
　　ると考えられる。

自らの理想をあきらめることでもないし、自らの信じる価値を犠牲にすることでもない。しかし、理想主義の純粋さのために成果を妥協することは、自分たちが彼らのためにと思って闘っている人々を裏切ることになる。
③人々は、自己利益によって行動すると同時に、彼ら自身の強い道徳観を持っている。パワーのある人々と有効に関係を作ることは、彼らの利益を真剣に考え、彼ら自身の価値観を尊重することである。道徳的な正しさを自分たちが独占していると信じている人々は、激しい言葉で相手を攻撃してしまいがちであり、多数派を動かしたり、力強い同盟を作り上げることは難しい。

　したがって、「正義は、それを強制して実現できるパワーがある時だけ、手にすることができる」という第一原則を私たちが受け入れるならば、それは、私たちのマインド・セットを変えることであり、かつ、私たちの行動を変えることを意味している。そして、パワーについて（その概念ではなく、それが実際にどのように機能するかについて）学ぶことに時間を費やすということだ。誰が意思決定者なのか、どのようにすれば、彼らを動かすことができるのかについて考えること。それは、時間をかけてパワーを作り出し、持続的かつ意図的に利害関心を共有する人々と私たちの関係性を強めることを意味する。このことは、他の人々と自分たちの利益を結びつけ、団体に参加し、自分が望んでいるのと同じ変化を望んでいる他の人々とグループやチームを作ることを含んでいる。これこそが、この本の主題である。これから、こうしたことが実践においてどのように作用しているのか見ていくことにしよう。

大学での生活賃金キャンペーンの経験から

　私が、シティズンズUKで最初に取り組んだ最初のキャンペーンは生活賃金のためのキャンペーンだった。なんと道徳的に素晴らしいアイデアだろう。1日の厳しい労働は、1日分の十分な給料に値するのである。そして、労働は、貧困から抜け出す道を提供すべきである。最低賃金が、基本的な生活水準を満たすために不十分であるならば、それを可能にする生活賃金が必要である。

　有名大学の研究者であるアリソンと協力して、私たちは、若いボランティアたちが参加したリサーチ・プロジェクトを展開し、病院・銀行・地下鉄等で働く清掃員に話を聴いていった。そして、アリソンの大学でも清掃員達に彼らの賃金や労働条件について尋ねた。この調査プロジェクトから、生活賃金キャンペーンのターゲットとなる最初のリストができ、そこには、その大学も含まれており、そこが私の初めてオーガナイジングを行う場所になった。アリソンを除いて、私は、その大学で誰も知らず、どのようにオーガナイジングを始めるべきか、その手掛かりさえ持ち合わせていなかった。アイデアの道徳的な素晴らしさは、実際には、ことをなす際の厳しい現実の前では、何の役にも立たなかった。

　キャンペーンの第一歩は、何人かの大学の清掃員と顔見知りになり、キャンペーンに参加してもらえるようになることだった。私は、数週間、清掃員を追いかけ続けた。しばしば相手はソマリアの女性たちで、階段を上ったり下りたりしながら自分と話をしてくれるように説得することを試みた。チラシを手渡したり、誰も来てくれない会合を開いたりもした。そして、ようやくナイジェリア出身の清掃員であるトーマスと知り合うことができた。そして、彼は、大学で起こっていることを私に話し始めてくれた。

　彼の話では、大学には150人ほどの清掃員がおり、ほとんど最低賃金程度の時給5.35ポンドの賃金を得ていた。彼らの多くは、5時から7時のモーニング・シフトで働いており、少数の清掃員が日中を通して働いていた。清掃員たちは、怒鳴られたり、彼らが当然もらうべき基本的な病気手当や休日手当を得ることについてさえ苦労することに不満を持っていた。大学は清掃業務を外注しており、清掃員たちは、すべて委託された清掃会社の従業員であり、その現場マネージャーはジムといった。大学の上層部には、数千人の若者を教育する世界水準の大学を経営する副学長がおり、外注会社を含む組織階層の少なくとも六階層下に、トーマスや腰痛に悩む同僚の清掃員たちがおり、貧困ライン上で生活を送っていた。トップにはパワーと権威があり、一連の階層の底では搾取が隠されていた。

　状況を知れば知るほど、怒りがこみ上げてきたので、直接、副学長に長い手

紙を送って、生活賃金に関して道徳的に主張し、清掃員たちが貧困ラインの賃金で苦しんでいることはとんでもないことだと説明した。しかし、全くパワーを持たない自分に対しては何の返事もなかった。

それから、トーマスも私からの電話に出なくなった。彼が広場を横切っているのを見ても、私を避けて、違う方に行ってしまうようになった。ようやく彼をつかまえて、なぜ急に冷たくするのかを問い詰めると、ジムがトーマスと自分が話していることを聴きつけ、トーマスをクビにするだけでなく、入管に報告すると脅迫したからだということがわかった。トーマスは、英国で働くための正式なビザを持っておらず、非常に弱い立場に置かれており、キャンペーンに長く参加することが難しいことは明らかだった。清掃員との唯一のコンタクトを失うことを恐れて、他に誰か声を上げることができて私が話をすべき人はいないか尋ねた。トーマスは、小さなパワーしか持てない状況において重要な貢献をしてくれた。そして、人文学部のエリアで清掃しているジャマイカ出身の女性ジョアンを紹介してくれた。

ジョアンが持っていたパワー

彼女は、30年もこの大学で働いていた。最初に清掃業務が外注された時から働いていて、これまでに五つの会社が清掃を受託しては去っていった。彼女は皆を知っていた。ジムは、彼女を使って、清掃員を一生懸命働くように、あるいは、新しい仕事のパターンに適応するように動機づけようとしてきた。ジムは上司だったかもしれないが、私たちの定義で考えるならば、ジョアンこそがリーダーだった。彼女は身分も高い給与も地位もなかったが、同僚から信頼を得ていた。ジムは、彼女の関係性、すなわち、パワーを自分の利益のために利用していたのだ。しかし、それまで、彼女は、自分のパワーを自分のためには使っていなかったのである。

ジョアンを迎えてから物事が進み始めた。最初のキャンペーンの会合には、10人の清掃員が参加した。そして、次の会合では15人に増えた。私たちは、低賃金が清掃員の生活に与える影響だけでなく、不当に安くされた賃金、特定のシフトにおける従業員数の削減、交換されることのない古い設備等、証拠とな

る情報を集めだした。こうした事柄は、全く知られていないことだったが、見さえすれば、そこにあった。こうした説得力のあるストーリーで武装して、私たちは、キャンパスで、連携相手の候補となる多様な人々に会いに行った。そして、大学の研究者、学生自治会の代表、労働組合支部の書記長を次回の会合に招いた。彼らは、様々な話を聴き、清掃員達にも会い、徐々にキャンペーンに参加するようになっていった。

　この時点から、パワーは変化しだした。ジムもそれを感じていたと言えるだろう。ある朝、彼は、全く偶然とは思えない感じで、四輪駆動車で私の方に曲がってきた。彼は、車から降りて、初めて私に話しかけてきた。彼は、私が「清掃員たちを脅迫してきた」からキャンパスへの立ち入りを禁じられていると私に告げた。大声で怒鳴ることだけがその人材マネジメントのスタイルである男から出てきたのは、そんな言葉だった。もし、私が怖いと思わなかったなら、笑ってしまっただろう。私は、彼が言ったことを文書で提示してくれと頼んだが、何の返答もなく、私たちは活動を続けた。

　次に、私たちは、副学長のオフィスに送るために、語り手の顔を出したインタビューで構成されているビデオ・レターを編集した。そこには、清掃員はもとより、大学やより広いコミュニティ（地域のモスク、教会、学校）からの連携者たちのインタビューが含まれていた。加えて、解決しないと評判に傷がつくのではないかという感覚を引き起こす「問題のある記録書類」も添付した。この時は、私たちは、少なくとも反応を得た。清掃員たちの給料と労働条件は、雇用者、すなわち、大学の契約している清掃会社の問題であり、大学側に責任はないと主張する内容の手紙が返ってきた。しかし、私たちは、契約されたサービスの購入者、あるいは、サービスの受益者として、状況を変えるパワーを持ち、そのようにする責任を有しているのが大学であることを知っていた。

修道女に先導された行進

　私たちは、上層部にいる人々と直接対面し、交渉に弾みをつける必要があった。そこで、次の大学評議会の会議に合わせて、デモ行進と嘆願が計画された。このために、私たちは、大学の内外から幅広い協力者たちとの連携を作り

出す必要があった。私たちは多様な潜在的ネットワークを描き出し、コミュニティのメンバーに話をする仕事と彼らを招待する仕事を分担した。行進を実施した朝には、約100人の仲間を集めて出発した。行進を先導するのは2人のローマ・カソリックの年配の修道女たちだ。それは、とてもゆっくりした行進だった。幸いにも、私たちは、嘆願書を渡すために、大学の門まで約200m歩かなければいけないだけだった。行進は、完全にうまくいった。大学側は、行進のうわさを嗅ぎつけて、犬を連れた追加の警備スタッフを派遣し、過剰反応を示した。その場面を想像してほしい。2人の小柄な年配の女性がいつものようにゆっくりと歩いている。その後ろには、笑っている学生たちや研究者が列になって並び、皆、清掃員たちとの連帯を示すために手にモップを持っている。そして、(彼らの先には)獰猛そうな犬を引き連れた警備隊が彼らの入場を阻んでいる。地方紙は、写真を撮影し、以下のような見出しで記事を掲載した。「修道女でも誰でも入れない。[5]」

　私たちのキャンペーンは、強力な後押しを得た。そして、数週間の内に、私たちは、副学長と大学の財務担当トップとの会談を持った。契約清掃員にとって、とてもひどい状況があることを大学上層部が知って驚いていることが私たちにはわかった。しかし、彼らが、この課題に注目し、コストや時間的なプレッシャーを乗り越えて、大学の価値に沿った状況を取り戻そうと変化をもたらすためには、大きな外部からの圧力が必要だったのである。アリソン、ジョアン、そして、キャンパス内外の数百人の人々が一緒になって、意思決定者たちとの現実の関係性を作り出し、劇的な変化をもたらすに足るパワーを築き上げたのだ。大学側は、生活賃金を払うことだけでなく、清掃会社との契約をとりやめ、清掃業務を大学内部で行うことを決定した。一つの決定で、150人の清掃員が、最低賃金ではなく、生活賃金を得ることができるようになり、病気手当や雇用保障、それに年金を手にすることができた。一年後に、この大学は社会的責任の賞を獲得し、今や、82の高等教育機関がそれに倣い、認証された

---

5)　原文は "Nun of you can come in." となっており "Nun (修道女)" と "None" の掛詞になっている。

生活賃金雇用者となった。そして、ジョアンのような数千の人々が恩恵を受けることとなったのである。

　このキャンペーンの結末で、いつまでも忘れられない瞬間がある。私たちは、大学当局との最後の会合が終わって出てきたところだった。その会合で、期待していたよりも大きな成果を得られるということを聴くことができた。私たちは、ついに勝利したということが信じられれなかった。私は、ジョアンとアリソンに「あなたたちがいなければ、こんなことは起こらなかった。ここまで参加して頑張ってきたあなたたちは、なんと勇ましかったことか」と言った。ジョアンは私に身を寄せて、私の耳にささやいた。「ありがとう」。

　この経験が、私の人生も変えた。この経験が、私に、変化は可能であること、私が違いを生み出すための方法を持っていることを実感させてくれた。私に必要なことは、この方法をよりうまく使えるようになること、そして、他の人々がこの方法を使えるようになることを支援し始めることだった。この本の以下の章では、この方法についての説明が詳しく展開されるが、それらは全てパワーと変化の間の関係に関する基本原則から始まる。すなわち、強制しうるパワーを持てる時、私たちは正義を手にすることができるということだ。象徴的な抵抗から根本的な変化への移行を可能とするためには、パワーの中心的な重要性を自覚することが必要なのである。そして、あなたは、パワーが必要なのだと理解することができたら、次にパワーを生み出すことを始めなければならない。

第 **2** 章

自己利益こそが大切である

ノッティンガム・トレント大学で開催されたヘイト・クライム委員会の報告会

2015年3月のことだった。ノッティンガム・トレント大学の一室には400人もの人々が溢れかえっていた。部屋を見渡せばわかるように、これは普通の集まりではない。そう、そこには、大学の学生たちもいたが、町中のコミュニティから、20～25人のグループがいくつも集まっていた。パキスタン系のムスリムたち、LGBTQのコミュニティからのメンバー、障がい者の権利を主張するグループ、地域のシナゴーグ[1]、女性センター、アフリカン・カリビアンのペンテコステ派[2]のクリスチャン等々。ステージの上には、彼らの代表たちが一つのチームとして一緒に座り、2人の政治家、ノッティンガムシャー公安管理官[3]であるパディ・ティッピング、市会議員であるデイブ・リバシッジと公開での交渉を行っている。

このイベントは、シティズンズUKのノッティンガム支部によって組織されたヘイト・クライム委員会レポートを発表するためのもので、そこには二つの重要な政策提案があった。それは、第一に、ヘイト・クライムへの対応や刑事訴追のあり方を改善することに責任を持つ専門的なヘイト・クライム担当職員を配置するために、市議会と警察が予算を確保すること、第二に、ノッティン

---

1) ユダヤ教で礼拝を行う会堂、集会所のこと。

2) ペンテコステ派は、プロテスタントの宗派の一つであり、ペンテコステとは聖霊が降臨したとされる五十日祭のことを指す。

3) イギリスの2011年警察改革及び社会的責任法（the Police Reform and Social Responsibility Act 2011）に基づいて設置された公選の職。警察の市民への説明責任の向上を図ることを目的とし、イングランドとウェールズの各警察エリアごとに選出される。

ガムシャー警察が女性憎悪（ジェンダーを理由とする女性への暴力やハラスメント）をヘイト・クライムとして認定することだった。

　さて、会合ではヘイト・クライムに対処しなければならない証拠が共有され、提案がなされた。このチームは、政治家たちを容易に逃しはしない。ノッティンガム・シティズンズの委員の一人であるサジード・モハメドは、リバシッジ議員に言った。

　「あなたは、（ヘイト・クライムの実態に関する）証拠を聴いてきました。さぁ、あなたは、ヘイト・クライムを体験した人々がそれを報告し、対応してもらうために、ノッティンガム市にヘイト・クライムを専門的に担当する職員を配置するために予算をつけますか。」

　サジードにとって、この問題は、個人的にも重要な問題だった。数年前、彼の妻と子どもたちが、母の日のケーキを作る材料を買うため、セインズベリーでショッピングをしていた時、一人の男が、人種差別的な言葉を妻に叫び、ショッピング・カートを妻と子どもたち目掛けて押し、ぶつけようとした事件があった。また、もっと最近では、彼が所属するムスリムの社会正義促進団体ヒマー（Himmah）がノッティンガム市の中心部でイベントを開催した後（サジードは、そこで、平和のメッセージが添えられたバラを配っていた）、サジード自身、殺害をほのめかす脅しを受け取っていた。

　リバシッジ議員が「はい、私たちはやります」と答えると、ホール全体が拍手喝さいの渦に包まれた。肯定的な反応は、壇上のノッティンガム・シティズンズのチームにとっては、別に驚きではなかった。ノッティンガム市に対する彼らの準備段階での交渉において、市のカツカツの予算にもかかわらず、こうした政策が投資に値する優先度の高いものであること、また、他の自治体においても、同様のポストが配置されており、ノッティンガム市でも可能であることを説得することに成功していたからである。

　一方、チームは、もう一つの政策提案に関しては、あまり楽観的ではなかった。もし、女性憎悪をヘイト・クライムとして認定することになれば、それは英国の警察では、どこにも前例がなく、初めてのケースになるからだ。宗教、人種、党派、同性愛嫌悪、性転換、障害などを理由とした攻撃、これらはすべ

てヘイト・クライムのカテゴリーに含まれる。しかし、ジェンダーは違っていたのである。にもかかわらず、彼らが実施した地域コミュニティ調査では、80％の女性たちが、とりわけ女性であるという理由で、ハラスメントや暴力を経験したということが示唆されていた。ノッティンガム女性センターのマネージャーであるメル・ジェフスが、今度は、ティッピング公安管理官に聴く。「あなたは、（ヘイト・クライムに関する様々な）話を聴き、私たちのレポートを読みました。私たちは、皆、まとまってこれを支持しています。あなたは、女性憎悪がヘイト・クライムとして扱われることが明確になるよう積極的に関わってくれますか。」数百人の人々や地域メディアの前で「ノー」と言うことは難しい。パディ・ティッピングは、責任を持って取り組むことを誓い、女性憎悪をヘイト・クライムとして認定する英国で最初の警察署となるために、ノッティンガム・シティズンズと協働することに合意した。部屋中から歓声が沸き起こり、壇上のメルとそのチームは、会心の笑みを浮かべた。

　それは、社会を変えた瞬間だった。2016年7月までに、ノッティンガムシャー警察は、女性憎悪をヘイト・クライムとして扱い始めた英国で最初の警察になった。その年の9月までに、さらに3つの警察が、ノッティンガムシャー警察に続く準備をしており、この本を書いている現時点においては、ロンドン警視庁で女性憎悪をヘイト・クライムとして扱うことについての議論が活発化しており、内務省でも、国レベルでの政策変更をめぐって議論が進んでいる。メルとサジード、それにチームの他のメンバーたちは、女性や女の子が、この国で、より安全に、より敬意を持って扱われるようになる未来にむかって私たち皆が進んでいけるように後押ししてくれた。このようなことは、どのようにして可能になったのだろう。なぜ、こんなにも異なる個人や組織が一緒になることができたのだろ。なぜ、政治家たちは「イエス」と言ったのだろうか。

自己利益とは何か

　自己利益。これこそが、以上のストーリーが、どのように展開したのかを説明する最もよい方法である。自己利益は、第二の原則であり、人々を変化へと

組織化する際の最も有効な方法である。パワーと同様、世界をより良い場所に変えたいと考えている強い価値を志向する人々は、自己利益というアイデアを良く思わない傾向がある。きっと社会を変えるということは、他者のことだけを考える無私の利他的な人間によってなされるものなのではないかと思っているのだ。しかし、実際には違う。まれな例外を除き、人々は、彼らが必要とし、彼らが欲するものに従って動く。そして、そのことに問題はない。問題がない以上に、それこそが、本当に人々を参画させる唯一の方法なのである。だから、変化を引き起こした人々が用いた通りに、自己利益というコンセプトを使って、この物語を理解してみよう。

サジード・モハメドの自己利益と自己保存欲求

　サジード・モハメドは、最初、ノッティンガム・シティズンズに怒りながら、助けを求めてやってきた。彼の妻が罵られ、子どもたちは危険な目に遭い、彼自身の命も脅かされていた。彼は、彼自身と家族を守りたかったのだ。自己利益という概念を紐解いて理解する際に、最初に、私たちが、その中身として考えるのは自己保存である。すなわち、食料、住まい、安全といった私たちが生き残るために必要なことが人間の行為の基本的な動機付けなのである。サジードは、私たちのうちの誰もがそう考えるように、あらゆる種類の肯定的な出来事がノッティンガムでは起こるはずだと信じていたが、実際には、個人的に、自分の家族の安全が脅かされるという経験をしたという事実こそが、彼をアクションへと駆り立てた。彼は、警察にもっとちゃんと対応して欲しかったが、彼は、変化を起こすためには、助けてくれる他者が必要になることを知った。彼は、より大きなパワーを必要としていたのだ。

　コミュニティ・オーガナイザーと共に活動しながら、サジードは、他の誰なら話しに行く価値があるのか、誰だったらノッティンガムのヘイト・クライムに対して、より強く反応して関心を示してくれるのか、詳細に戦略を立てた。そして、彼は対話を開始した。以下は、彼が話をした人々の中の数人である。

　①スティーブン・レッグ

　　ノッティンガム大学の地理学の研究者。彼には、個人的に同性愛嫌悪のへ

イトクライムの経験があった。スティーブンには、彼と彼の知っている他の
ゲイの人々がより安全になるよう、ヘイト・クライムに対して警察がより強
く対応してくれることが個人的な利益だった。と同時に、コミュニティ主導
のヘイト・クライム調査に対する研究者としての利益もあった。

②パンガニ・ティパ牧師と彼の妻ジョイス

　アフリカン・カリビアンの家族が集まるコミュニティであるカルバリー・
ファミリー教会のパンガニ・ティパ牧師と彼の妻ジョイス。このカップル
も、様々なタイプのハラスメントの犠牲者だった。ひどい言葉で罵られた
り、石を投げつけられることもあったし、最近では、誰かが、彼らが教会の
周りに植えた花々を引っこ抜き、それを郵便箱に突っ込んでおくといったこ
とも起きた。彼らは、様々な市の会議でこうした事件を報告していた。にも
かかわらず、窓ガラスが割られ、教会のバスが放火されるなど、攻撃がさら
に悪化した際には、警察は、以前のあらゆる事件の記録を全く持っていな
かった。

③女性センターのマネージャー、メル・ジェフス

　メルは、生粋のフェミニストで、個人的に女性嫌悪と同性愛憎悪のヘイ
ト・クライムを経験していた。長年、彼女は、女性に対する暴力やハラスメ
ントが、当局によってもっと真剣に取り組まれるためにはどうすればいいの
か模索していた。

様々な自己利益

　しかし、自己利益というものは、個人的な安全に対する脅威がある時にだけ
見つかるものではない。人々は、基本的なサバイバル・ニーズ以上のものに
よって動機づけられ得る。人々は、他者との関係性によって動機づけられる。
つまり、(他者との関係性において)学ぶこと、喜びやくつろぎを得ること、自身
の自己イメージや価値に沿って行動したいという欲求、自分自身のアイデン
ティティや努力に対する承認を得ることなども、動機づけとなりうるのだ。た
とえば、スティーブン・レッグの場合、彼らがより安全に生活できるコミュニ
ティを望んでいたと同時に、ヘイト・クライムに対するこのようなコミュニ

ティ・リサーチが彼の研究者としての仕事に結びつくかもしれないということに関心を持っていた。また、パンガニとジョイス夫妻は、自分たちへのハラスメントによって、人々の足が教会から遠のいてしまうことを心配していた。そして、メル・ジェフスは、英国中の女性達が敬意をもって扱われることを望んでいた。なぜなら、彼女にとって、フェミニストであることが、彼女自身のアイデンティティの一部だったから。これらの人々をアクションへと駆り立てる個人的動機は、彼らの自己利益である。私たちは、こうした自己利益を基礎として、人々とパワーを打ち立てることができるのだ。

　サジードが行った多くの対話の中から、関心を共有する多様なコミュニティをつなぎ合わせ、そして、警察や自治体に強い対応を要求することができるヘイト・クライム委員会というアイデアが生まれた。そして、最初の会合が、ペンテコステ派の教会で開催され、結構多くの人々が参加した。しかし、雰囲気は、最初、ぎこちなかった。暖房設備は壊れており、とても寒かったので、皆、コートを着たまま座っていたが、あたかも、今にも出口に向かって出ていきそうな感じだった。そして、本当に彼らが出ていきそうに感じる理由は、ノッティンガムにおけるペンテコステ派のキリスト教徒、イスラム教徒、障がい者、女性、研究者、それぞれのコミュニティがすべてのことについては同意できないということ、また、同じテーブルに着くことに慣れていないということにあった。教会に居るということだけでさえ、一部のフェミニストやLGBTQの活動家を不快にさせていた。

差異を越えて連携するための質問

　ヘイト・クライム委員会が機能しないということ、また、あっという間に解体してしまうように思われることには、差異、ステレオ・タイプ、恐れなど、たくさんの理由があった。

　どのようにして、すべてのこれらの異なる人々が共通のアクションに向かってまとまり、チームワークを発揮することができたのだろうか。答えは、効果を発揮したコミュニティ・オーガナイジングの方法にある。この会合の前半は、以下の二つの質問を軸にした長い自己紹介のセッションだった。

①あなたには、ヘイト・クライムに関する、自分自身、あるいは、身近な誰かが経験した個人的なストーリーがありますか。そして、そのことを、あなたは、どのように感じましたか。

②ノッティンガムにおいて、あなたの組織が代表しているのは何人ですか。

第一の質問の背後にある理由は、自己利益を浮かび上がらせることにある。人々は、叫ばれたり、唾を吐きかけられたり、ぶつかられたり、（女性の場合）口笛を吹かれたり、付きまとわれたといったストーリーを共有し始めた。そして、この会合に集まった人々のアイデンティティは非常に異なっていたにもかかわらず、恐れ、恥、怒り、パワーの欠如といった感覚は同じだった。これらの共有された人としての経験は、知らない人々について私たちが作ってしまうステレオタイプを乗り越えさせてくれる。人々は連帯していると感じ始め、そして、怒り、動機づけられていると感じ始める。また、この質問は、恐らく、初めて公共の場で人々が個人的な痛みを話すことを許容する。そして、このことは、翻って、誰かの個人的な感情を、他者と共に解決されるべき政治的な問題へと変化させる。これは、生活賃金キャンペーンでも同じだった。私は、人々が、子どもたちに制服を買ってあげられないという時に、彼らの声の中に、ある種の恥の感覚を感じとった。もし、あなたが、こうしたことを自分自身の失敗だと感じるなら、あなたは、それを自分の内に秘め、その罪悪感は、あなた自身を蝕むことになる。

しかし、オーガナイジングを通して、人々は他者と結びつき、彼らの個人的な痛みが集合的な不正義であることを理解する。そして、彼らが、家族を養うために一生懸命働いているということ、そして、変化を求めているということに誇りを持ってステージの上に立つことができるようになる。

あなたのコミュニティはどの位の人数を抱えているかという二番目の質問をする理由はパワーにある。なぜならば、最初の質問だけなら、彼らの痛みを開示し共有するように頼んだだけだからであり、そこに何か重要なことを行うための潜在的な可能性があることが示されることにとどまるからである。もし、人々に実際に行動してもらいたいならば、彼らに、そうした変化を求める試み

がうまくいくかもしれないと信じてもらう必要がある。また、あなたがパワーを必要とする変化にとって、人数を求めるということは、人々のパワーの潜在的可能性を見出し、明示する一つの方法である。このケースの場合、大体、女性センターに繋がっている人が100人、カリマ・モスクに定期的に参列している人が500人、カルヴァリー教会のメンバーは300人、大学の地理学部に通っている学生が500人といった状況だった。こう考えると、私たちは違いがあるにもかかわらず、協力することで、恐らく個々では達成できないことができるという認識が生まれる。

　教会で開催された会合から、ヘイト・クライムに関する人々の経験について、1,000以上の対話や応答を含むコミュニティ主導の調査が始まった。そのような討議を通して、膨大なエネルギーが生み出された。このことが意味していたのは、ノッティンガム・トレント大学で、警察や市会議員を前に、レポートと政策提案が発表されるまでに、すでに、会合の場にいた400人もの支持者がいたということだ。

共通の自己利益を紡ぎ出すこと
　共通の自己利益を探し出すことによって、人々は、偏見のバリアを越えて、連携することができる。変化を追い求めるためには、私たちは、協力者を見出し、そして、私たちの個人的な利益が、他の人々の個人的な利益と結びついているということに気づく必要がある。これは、アレクシス・ド・トクヴィルが『アメリカの民主政治』で「啓発された自己利益」、あるいは「正しく理解された自己利益」として語った概念を意味している。彼は、それを地域団体での協力経験から生み出され、健全な民主政治のために必要とされる幅広い連帯感情の基盤となる本質的要素と見なした。ノッティンガムの例では、この共通の自己利益の絆が、これまでにコンフリクトを経験してきたコミュニティの間で作られた。チームが、レポート発表の準備のためにノッティンガム・トレント大学に到着した時、ヘイト・クライム委員会において、ノッティンガム大学LGBTQネットワークを代表するマックス・ビダルフは、彼のレインボー・バ

ナーを取り出すことにためらいがあった。数年前、彼は、ノッティンガム[4] で、プライド・マーチに参加していたが、同性愛嫌悪のプラカードを掲げた約30人の怒ったムスリムの抗議グループと衝突していたからだ。しかし、ヘイト・クライム・キャンペーンを通しての継続的なムスリムのリーダーたちとの協力によって、彼は、彼らのコミュニティ同士が一緒に連帯できると感じて安心することができた。だから、彼がLGBTQのバナーを掲げ、彼の団体のブースを設置した時は、感動的な瞬間だった。数時間後、そのチームは、共通の利益のために、様々なコミュニティを結びつけることによってしか可能にならなかっただろうキャンペーンの成功を祝っていた。

パワーを持つ人々の自己利益

　しかし、もし、市議会議員と警察長官からの答えが「ノー」だったとしたら、誰もキャンペーンの成果を祝うことはなかっただろう。あらゆるサッカー・ファンが言うように、勝つことは、負けることよりも、はるかに良い。そして、あなたが、人々の現実の問題——彼らのリアルな痛み——のためにオーガナイジングを実践している時には、とりわけ、負けることは、本当に辛いことである。もし、それが、マーチに参加している誰もが、負けることによって個人的に、あるいは、直接的に影響を受けないような、たとえば世界の不平等に対しての象徴的な抗議であれば、具体的な進展があるかどうかは、それ程差し迫った問題ではない。しかし、怖がらされたり、見下されたり、攻撃されるような経験について語る人々を抱えていて、意思決定者がこの状況を変えることに同意するかしないかを決める瞬間を迎えている時には、勝たなければならないという思いで、はるかに大きなプレッシャーがかかるものだ。

　それでは、なぜ、彼らは「イエス」と言ったのだろうか。これまでのように、やはり答えは、パワーと自己利益にある。そもそも、会合があった部屋には、400人もの各コミュニティからの支援者が居て、地域調査には1,000人もの

　4）　レインボーの旗は、LGBTQなどのセクシャル・マイノリティの運動のシンボルとなっている。

人々が関わっていた。そして、ノッティンガム・シティズンズのメンバーは合計して約5万人もいる。ローカル・メディアであるノッティンガム・ポスト（1万8,000人が購読している）やBBCニュース・ショーのイースト・ミッドランド・トゥデイ（30万人を超える視聴者を擁する）も、この大学でのイベントを報道した。パディ・ティッピングとデイブ・リバシッジは両方とも政治家であり、政治家は票が欲しいものだ。だから、出席者数や数字がとても大事なのである。それが、ここでのカギとなる自己利益である。

　しかし、それ以上のこともある。確かに、政治家は世間に知られることや票を重視する。選挙で当選するためには、そうせざるをえない。しかし、私たちすべてと同様、彼らにも、私たちが理解し、関連づけることが可能な彼らのストーリーや経験や価値がある。実は、パディ・ティッピングは、これまでに下院議員として、サウス・ロンドンで十代の黒人少年が殺されたスティーブン・ローレンス事件[5]の際、ロンドン警視庁の捜査が適正だったかを追求する調査に関わっていた。したがって、彼は、その件ですでに黒人やアジア系の人々の経験、それに警察に関する課題に敏感になっていたのである。もう一つ、このキャンペーンと関連した事実として、彼自身、娘を持つ父親だった。したがって、私たちは、女性や女の子たちがジェンダーのためにハラスメントを受けることに対して、彼なら深く憂慮するだろうと想像できる。私たちは、自己利益を軸にオーガナイジングを行い、パワーを持った人々に影響を与えることを期待する際、彼らを駆り立てるものが何なのか、現実的に（シニカルにという意味ではなく）理解する必要がある。

　自己利益を十分に評価することが、人々を正義に向けてオーガナイジングすることに役立つならば、なぜ、私たちは、端から、こうしたアイデアに対する反感を持ってしまうのだろうか。恐らく、それは、私たちが、この世界における利己主義を見ると、一気に正反対のスタンスに飛躍してしてしまい、自己利益を求めないことこそが道徳的に素晴らしいと信じてしまうためだろう。私た

5）　当時13歳だった黒人少年スティーブン・ローレンスの殺害事件に対するロンドン警視庁の捜査のあり方が問題視され調査された事件のこと。

ちは、偉大な人々は無私の人物であり、私たち自身も、無私であることを目指すべきであるとあまりにも多く教えられている。しかし、私は、最近、無私であることは、問題の一部であって、問題の解決にはならないのではないかと思う。私は、あまりにも多くの人々が、他者や自分の信じている大義に対して、ひたすら与えることばかりすることによってバーン・アウトしてしまっていることを知っている。

自己利益を理解することが大切な三つの理由

　自己利益を深く理解することは、以下の三つの理由で変化をもたらすことに成功するために重要である。第一に、それは、私たち自身のニーズや動機を十分に理解することを意味する。私たちは、世界を変えたいと思っている人々が、継続的に活動できるように、自分たち自身にも配慮することを必要としている。第二に、それは、他者の自己利益を十分に理解することを意味している。自分たちのお気に入りの課題を色々なところで売り込もうとして、紋切型で同じことを言い募る人々は、多くの人々を結びつけることはできないだろう。私たちは、本当に、他の人々に対して関心を持ち、何が彼らを駆り立てるのか、どのように共通の利益や共通の基盤を見つけることができるのか考える必要がある。第三に、それは、彼らが深く憂慮していること——たとえば、家族、仕事、近隣関係といったことによって、人々の参加が動機づけられていることを理解することにつながる。他の人々が彼らにとって最も重要なこと、家族、仕事、休息等を越えた大義にコミットすることを期待するのは間違いだ。私たちは、そうした考え方を、すっかり変える必要がある。人々が参加するということは、自分の利益を度外視して参加するということではなく、むしろ、自分の利益ゆえに参加するのである。社会を変えるということは、聖人や超人の領域ではなく、大多数の人々が参加できる何かである必要がある。既にして忙しい私たちの生活に、多くの会合やイベントを組み込むためには、時間とエネルギーを必要とする。したがって、人々が継続的に参加し続けるには、それは、本当に彼らにとって重要なものである必要があるのだ。

私の失敗例：当事者として関わってもらうために必要なこと

あなたが、人々の自己利益とつながることに全く失敗していることを示す最も明確な兆候の一つは、あなたが何らかの会を開いても、誰も姿を見せないという場合だ。私は、この教訓をルーキーのオーガナイザーだった頃に学習済みだと思っていた。しかし、数年前、シェフィールドで冷や水を浴びせられ初心に帰らざるを得ないような経験をした。私は、来たる総選挙に向けた会合のために予約しておいた「サークル」という名前の素敵な会場に入り、受付の男性に話しかけた。

「あぁ、シティズンズUKですね。はい、午後7時に予約してあります。お会いできて光栄です。あなた方の活動については聴いていますよ。今日は、ロンドンから来られたのですか。あなた方の会議室は、ルーム3になります。椅子を30、それにお茶と珈琲を用意しておきました。」

しかし、7時10分になっても、会議室に座っているのは自分だけだった。そして、受付の親切な男性がやってきた。「やぁ、大丈夫かどうか確認しに来ただけです。多分、参加される方たちは少し遅れているんでしょう。心配しないでくださいね。」彼は、親切だったが、それが余計辛かった。

誰一人参加者が現れず、私が7時半に会議室から歩いて出てきた時、受付の男性は、可哀そうにという面持ちで私を見て、しかし、努めて明るく「気にすることはありませんよ。こういうことは、結構起こるもんです。ロンドンには今夜帰るんですか。」と言った。

最悪だった。10年間もオーガナイジングの経験を積んできて、私は、どうして、あんな情けない状況に陥ったのか。その理由は、私が、あまりにも多く、近道しようとしたことにあった。その前の数ヶ月、様々な都市や町に私たちも実際に足を運んで、シティズンズUKのメンバー・コミュニティとのまずまずの量のリスニング・キャンペーンや参画プロセスを実施してきた。そして、私たちは、一緒に来たる総選挙に向けてマニフェストを作り上げた。それらの地域では、人々がプロセスに参加していたので、私たちは、100人から2,000人が集まるイベントを開催してきた。それから、私たちは、そのマニフェストを持って、シティズンズUKにとっては影響力の及んでいない全国の接戦の選挙

区に出掛けて行ったが、そこには、本当に既存のネットワークがなく、地元チームの人々を寄せ集め、議員候補者と会わせようとしていた。シェフィールドは、そんな接戦区であり、私の担当だった。私は、恐らく20通程度のEメールを様々な人に送り、彼らに、シティズンズUKで作り上げたマニフェストについて語り、そこに書かれた課題が、どんなに重要かを説明した。ソーシャル・ケア、難民認定申請者の権利、きっと彼らは、こうした事を気にかけているのではないか。人々は、行くかもしれないと言っていた。しかし、私は、対面では誰とも話をしていなかったし、彼らが何を本当に大事にしているかを知ろうともしていなかった。

　私の失敗は、起こるべくして起きたのだ。だから、誰も現れなかった。その会議に参加することは、彼らの自己利益の中には入っていなかったのだ。彼らは、提供された課題や戦略に対して、全く自分事として考えられなかったし、私との間には、全く関係性がなかった。私は、あの時のような状況に二度と陥りたくない。そして、あなたにも、そうなってほしくない。だからこそ、他の人々の自己利益を真剣に考えることが必要なのだ。

　さて、中心的な論点に話を戻そう。あなたが変化を欲するならば、パワーが必要である。そして、あなたは、パワーを他者との関係性を通して作り上げるが、そうした関係性は、共通の自己利益や共通の目標を軸に作られる。パワーや自己利益といった言葉は耳触りが良くないかもしれない。しかし、このレンズを通して、私たちは、政治がどのように動いているのか、また、変化を引き起こすための手段が何かを知ることができるのだ。より深いレベルでは、私たちと異なる人々との間でパワーを生み出す実践は、偏見を壊し、信頼を作り上げることを意味している。意思決定者たちやパワーを持っている人々としっかりと交渉し始めると、私たちは彼らも、大小の自己利益の組み合わせをもとに行為しており、彼らも、他のあらゆる人々と同程度に信頼しうることに気づく。接触することのできないエリートに非難を投げかけるのではなく、私たちが欲するものを明らかにし、オーガナイジングを通してまとまって、欲するものを得るためのパワーを作り出す責任は私たちにあるのだ。

第**3**章

パワーを生み出す実用的なツール

　この本は、この世界がどのようでありうるかということについて書かれたものではない。抽象的な政治理論でもないし、議会システムがどのように機能するかについて説明したものでもない。この本の主題は、あなたが、大事だと思っていることについてどのように変化を生み出せるかということにある。だから、主たる論点や概念と同時に、あなたが実際に使うことのできるツールやヒントについても触れたい。この章では、パワーと自己利益というコンセプトを実際の活動に落とし込むために、以下の三つの実用的なツールについて説明する。

　　①スティック・パーソン
　　②一対一の対話
　　③パワー分析

　これらは、最初、少し奇妙に見えるかもしれない。しかし、恐らく、あなたは、生活や仕事のやり方の中で、こうしたことをすでに直観的に行っていることに気付くだろう。これらのツールは、人々の日々の政治的な直観や行動を単に洗練させ、明確にしたものに過ぎない。あなたは、すでに、人々の関心事について考え、それに応じて対応を変えたりしているだろう。また、あなたは、人々とつながるために彼らと対話をしているだろうし、一緒に協力するやり方について考えているだろう。そして、どこにパワーがあるのか、どのようにすれば、事をなすことができるのか分析していることだろう。これらのツールは、あなたが、上記のような政治的直観に磨きをかけ、変化を起こすことを助けるだろう。

スティック・パーソン

　スティック・パーソンは、あなた自身や他の人々の自己利益をより深く理解するためのツールである。このツールは、共通の利益をめぐって関係性を構築することを助けてくれる。私の（ワークショップ等における）導入では、「どのようなことに、あなたは怒りを覚えるのか」といった単純な質問を投げかけてきた。この質問は、人々が、どのようなことに対してアクションを起こすことに動員できるかを簡単に知るための方法であり、コミュニティ・オーガナイジングでは、この質問を多用する。このような問いに対して、あなたは、すぐに答えが出てきただろうか。山ほど怒りがあるかもしれないし、逆に、自分の怒りがどこにあるのかよくわからないということもあるかもしれない。スティック・パーソンは、どんな質問よりも、自己利益に対するより豊かな理解を促進するための方法である。もし、あなたが、自分自身の怒りの源泉がよくわからない、あるいは、複数の怒りから選ぶことに苦労してるならば、スティック・パーソンのテクニックは、あなたの複数の自己利益を明らかにし、重要なことを浮かび上がらせるだろう。あなたが、自分が何を変えたいかすでにわかっているのであれば、スティック・パーソンを実際に使ってみることで、あなたの怒りが何に由来しているのか、そして、あなた自身のストーリーと優先順位の中でその怒りがどのように位置づくのかを明らかにする手助けをしてくれる。持続的なモチベーションというものは、自分は何者なのか、自分が何に対して重きを置いているのかといったことに関しての深い洞察から生じる。このエクササイズは30〜45分程度かけて静かな場所で自分だけで行うのがよい。

　まず、スティック・パーソンを紙に書く。第一段階としては、それは、あなた自身だとしよう。そして、以下の質問に答えながら、スティック・パーソンの周りに、あなたにとって重要な事柄のリストを記入していく。

①あなたにとって最も重要な人々は誰か？
②あなたにとって最も重要な組織や場所は何か？
③あなたをあなたらしくさせる瞬間やストーリーは何か？
④あなたにとっての中核的な価値は何か？

⑤あなたにとって中心的な関心事は何か？

⑥あなたは、自分の時間、エネルギー、金銭をどのように使うのか？

⑦あなたが、もしパワーを持っていたとしたら、どのようなことを変えたいと思うか？

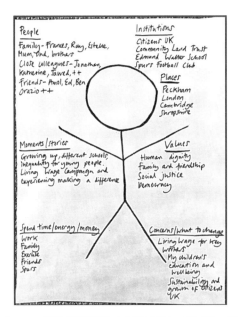

（実際のスティック・パーソンの写真（著者提供）、ヒト形の周りに上記の問いの答えを記入していく。）

　急いで終わりにしてしまうのではなく、少し時間をかけて考えて欲しい。今、あなたは、スティック・パーソンの周りに自分の答えを書いたところだ。さぁ、答えを書く過程で、あなたは何に驚いただろう。自分自身について、何を学んだだろう。また。あなたの優先順位は、こうしたことを以前に考えた時から変化しただろうか。実際、あなたは、これらの問いについて考えたことがあっただろうか。多分、ないだろう。そもそも、あなたは、あなたの自己利益を、本当に考えつくしたと言えるほど、真剣に考えているだろうか。自分が本当に大事だと考えていることについて、時間やエネルギー、それにお金を使っているだろうか。

自分自身で、こうした種類の問いに静かに取り組むことは、（自分自身と向き合う）深い経験になりうる。このセッションを合宿型のトレーニング・コースで行う際、参加者の中には、自分自身の優先順位をしっかりと再確認することで、仕事をやめたり、愛する人に謝るために電話したり、変化を生み出すために自分を捧げようと決意する人が出てくる。

　しかし、スティック・パーソンは、単にあなた自身の自己利益を熟考するツールというだけではない。それは、社会を変えるインパクトを生み出すためのツールでもある。スティック・パーソンを用いることで、あなたは共通の利益を基礎とした関係性を構築するために、一緒に活動したいと考えている人々を突き動かすものが何なのか理解できるようになる。あなたは、身近で一緒に活動している人々に対して、どの程度詳細なスティック・パーソンを作ることができるだろうか。あなたは、自分の上司、あるいは、自分が支持している国会議員でもスティック・パーソンを作ることができるだろうか。あなたは、彼らのルーツや大志を知っているだろうか。彼らのスティック・パーソンを作ることを試みて、自分がどの程度彼らのことを知っているのかを理解するといい。キャンペーンを行う際に、私たちは、眼の前の課題や費用と便益に関して調べることに時間をかけることができるし、そうすべきだ。しかし、一方で、広い範囲の個人的利益や組織的利益を持つ人々によって意思決定がなされることを常に頭に置きながら、そうした調査をするべきなのだ。このツールは、人々の利益を描き出すのに役立つ。

一対一の対話

　あなたが大事にしているもの、あなたをアクションに駆り立てるものが何かということが起点になる。しかし、そこで終わりというわけではない。人々と共にパワーを生み出すということは、あなたの利益を彼らの利益と結び付けることを意味している。あなたが本当に他者を理解したい、すなわち、彼らが何を大事にしていて、それはなぜなのかといったことを理解したいのであれば、それは、オンライン・サーベイや直観では困難である。変化のための協働に耐えうるような関係性を作り上げることは、Eメールでは無理なのである。それ

では、答えは、何だろうか。

　フェイス・トゥ・フェイスの対話が、その答えだ。これこそが、コミュニティ・オーガナイジングの際に最も重要なツールとなる。残念ながら、そこに近道はない。それは、時間がなくて、急ぐ必要があると感じられる時でさえ、人々との対話に時間を割くこと、つまり、人々と関係性を優先することを意味している。そして、こうした対話には、大して障害もない。この方法は、多くの人々にとって利用可能だ。おカネ、特殊な資格、技術的な専門知識が必要というわけでもない。私たちの多くは、人々と対話することができるし、このやり方でパワーを作り出すことができる。ただ、私が言おうとしているのは、特殊なタイプの対話であり、これを上手に行うには、本当に技と呼べるようなものがある。実践とコーチングによって、こうした対話はどんどんうまくなる。他の対話と区別するために、私たちは、それを「一対一の対話」と呼ぼう。一対一の対話は、次のような目的によく効く。

〇持続する強力なパブリックな関係性を構築すること
〇相手を本当に駆り立てているもの、彼らが大事だと思っているものを理解すること
〇自分にとって大事なものを共有し、共同利益の領域を探し出し、集団的なアクションを計画すること
〇才能、リーダーシップ、役に立つネットワークを見極めること
〇重視している物事に関して相手がアクションを起こすように彼らの意欲を掻き立て、そして、あなた自身の実力を試すこと

　ちなみに、専門用語の扱い方やこうした対話の始め方について少し話をしておこう。たとえば、以下のような会話について、あなたはどう思うだろうか。

「もしもし」
「やぁ、私の名前はマシューです。アニーから、あなたが関心を持っている社会を変えるプロジェクトについて、あなたに連絡を取るように紹介してもらいました。」

「そうですか。アニーなら知っています。どのような御用件でしょうか。」

「関係性を築くために、あなたと一対一の対話をさせて頂きたいと思っています。御都合のよい日はありますか。」

　こうした対話はかなり不審者のように聴こえる。実際、これでは、ちょっとデートに誘っているように聴こえてしまう（確かに、一対一の対話から少なくとも一組のカップルが結婚にまで辿り着いた。ギュンターとジュリー、おめでとう！　しかし、それは幸福な副産物と言えるだろう）。このツールは、集団的なアクションに向けてパブリックな関係性を構築するためのものである。だから、一般的には、「一対一の対話」とか「関係性」といった言葉を使ったり、「関係を持とうとしている」と聴こえるようなことは避けるのがベストだ。

　そうではなくて、「あなたが興味を持っていることや私が今やっていることについて情報交換するために、ちょっと喫茶店でお話しさせていただけますか」といったお願いの仕方が適切だと思う。「一対一の対話」は、意図的に強力な関係性を作り上げるためのツールであり、誰もが実践的に利用可能なパワー、すなわち、社会を変えるために他者と共同で作り出すパワーに至るため

すべきこと	してはならないこと
意図的に「一対一の対話」に入っていくこと。なぜなら、あなたは、そこに共通する利害関心、才能、知識、価値のネットワークといったものがあると考えているのだから。	ランダムに相手となる人々を選び、目的もなく、お喋りすること。
相手が大事にしていること、彼らのストーリー、価値、利益、目的を尋ねること。	自分自身の課題を売り込むこと。
あなたにとって重要なこと、あなたの物語、価値、利益、目的を共有すること。	相手に一方的にインタビューすること。
彼らが大事だと思っていることに関して、リスクを負ってでも、アクションを起こすように促すこと。	相手が大事だと思っていないことなのに、アクションを起こすべきだと言って、彼らをイライラさせること。
話すことと聴くことのバランスを50対50にすること。	対話を支配してしまうこと。
共感や支持ではなく、集団でのパブリック・アクションを目指すこと。	心理療法の面接のように話を聴くことに終始してしまうこと。
一対一の対話を、適切な人々を探し出し、つながり、生産的な関係性を作り出す方法として見なすこと。	一対一の対話を一回限りのものと見なして、Ｅメールでのやりとりや従来と同じ古いタスク志向の会議に戻ってしまうこと。

のルートなのである。

パワー分析

　「でも、そんな対話をすべての人とするためにでかける時間はない。」確かに、そんな時間はないだろう。だから、誰との関係性を構築すべきなのか、どのようにパワーを作り出していくべきなのかという点について戦略的でなければならない。自分の時間をつぎ込む価値のある変化とはどのようなものなのか明確に認識しておくべきである。すなわち、どのような変化が達成可能なのか、また、その意思決定に対して、どのように影響力を行使するのかといったことを明確にしておく必要がある。これらの問いについて考えることを助けてくれるツールがパワー分析だ。

　すべての人々は、与えられた環境の中で、本能的にパワー分析を行っている。私たちは、最も力を持っていると考えている人物が誰なのか名前を言うことができる。

「総理大臣は、英国のエネルギー政策で重大な決定を行うことができる。」
「職場では、私の上司がパワーを持っている人物だ。」
「クリスマスに関しては、おばあちゃんが言うことが絶対…」

　そして、大抵の場合、私たちは、自分たちが、あることを起こすパワーを持っているかどうか言うことができる。

「私は、再生利用可能エネルギーの供給業者に乗り換えることができる。しかし、私は、英国政府を説得して風力発電への投資を倍増させることはできない。」
「私は、大体思い通りに1日の休暇を取得することができる。しかし、もし2週間の休暇をとろうとすれば、自分の仕事を誰かにカバーしてもらえることを上司に説得する必要がある。」
「どろどろに煮崩れるまで芽キャベツを煮立てないように、おばあちゃんを説得できる望みは全くない。」

より洗練されたパワー分析を発達させることには以下の三つの利点がある。

①パワー分析によって、私たちは、当初の理解におけるあらゆる誤った想定に対して、それが正しいのかどうか検討を迫られる。公式の組織図は、いつ、どのように意思決定がなされるかということについての本当に詳細な事柄を含んでいるわけではない。公式の会合で形式的に承認される意思決定に関して、誰がアジェンダを設定し、本当の取引はどこでなされるのだろう。公式の地位はないかもしれないが、影響力を持っているプレイヤーは誰なのだろうか。

②パワー分析は、あらゆる主要な意思決定者をめぐるパワー・ダイナミクスを分析するのに役立つ。彼らは、最もパワーを持った人々かもしれないが、彼らも、また非常に忙しくて、彼らの周りの誰かに頼っているかもしれない。彼らは、特定の規則や組織に対して説明責任を負っている。そして、彼ら自身、パワー・ダイナミクスが変化していく中で、自らのパワーを維持しようと動いているのだ。

③パワー分析は、あなたが起こせるかもしれないと考えている変化の地平を開く。なぜなら、あなたは、直ちに大事な何かを変えるパワーを持っていないだけで（そのような変化は、現状では手に余る状態かもしれない）、パワー分析をより精緻化することで、どのように同盟関係を築くのかということについて計画を立てることができ、パワーを築いて、実際に勝つことが可能となるからだ。

最も大事なことは、パワー分析が、あなたの既存の関係性を描き出し、どのようにあなたのパワーを築き上げ、あなたの求める変化を作り出すかということについて懸命に考える方法を提供するということにある。

したがって、最も重要なあなたが関係している組織かネットワークのパワー分析から始めるといい。これは、あなたの職場かもしれないし、労働組合や業界団体、地縁団体、学校、信仰集団、チャリティの全国組織、キャンペーン組織かもしれない。あなたにとって重要だと感じられ、その中で自分の影響力を強めたいと考えている団体を一つ取り上げてみよう。こうした団体に対するパ

ワー分析を行うならば、あなたが大事だと考えていることにインパクトを与える際に役立つかもしれない。最初に、どこにパワーが存在するのか描き出すところから始めよう。

a）最もパワーを持っている5人は誰か。

b）お金を支配しているのは誰か。

c）人間関係において最も強い影響力を持つリーダーは誰か。

d）どのサブ・グループが重要で、それを誰が率いているか。

e）意思決定は、実際には、どのようになされるか。

f）最上位の幹部は誰に対して説明責任を負っているか。

それから、自分自身の持っているパワーについて考えてみよう。

a）あなたは、公式的な意思決定のパワーを持っているか。

b）あなたは、上で挙げた人たちを知っているか。彼らに対して、あなたは、どのような影響力を行使できるか。

c）どれくらい多くの人たちを、あなたは知っているか。あなたの関係性は、どの程度強いものか。

d）あなたは、小さいことでも、大きいことでも、何らかのことを変えたいと思った際に、実際に変えることができたか。あなたは、会議の場で誰を必要としているか。

さて、こうして以下の主要な問いが導かれる。あなたは、こうした環境設定において、どうやって徐々に影響力を強めていくことができるだろうか。パワーを得るために、あなたは、誰と関係性を築く必要があるだろうか。これらの人々こそが、一対一の対話を通して、スティック・パーソン上で描き出された利益をめぐって、結びつくべき人々なのだ。

これら三つのツールを一緒に使うことで、人々がそのパワーを築き、変化を作り出す準備をする際に役立つのである。しかし、私たちがアクションに進む前に、もう一つの重要なステップがある。

第4章

問題を課題へと変える

気候変動という大きな問題も小さな課題に分割されなければならない

　問題を課題にすること。象徴的抗議行動にはっきりと欠けているものは、お
そらくこのことだろう。そして、人々のパワーを変化に変える段階では、この
ことが決定的に重要になる。壮大な大義は具体的で小さな課題に分割する必要
がある。そうすることで、成功の確率は上がるだろうし、さらにより大きなパ
ワーを形づくり、より大きな課題に取り組む土台を作ることもできる。

　現在この世界が憂鬱で無力感を感じているような問題を考えてみよう。たと
えば、貧困、気候変動、教育における不平等、人種差別など。そして、私もそ
れらの心配をしているとしよう。パブで友人とそのことについて話したり、
SNSで意見を書き込んだりすることは、私にもできるかもしれない。ただし、
それらの問題を課題にまで分割することができなければ、その問題について私
は何もできないのだ。気候変動は大きな問題ではある。しかし、もし、私の目
標が再生可能エネルギーを使い始める友人を5人増やすことなら、問題が解決
可能な課題になったということだ。5人がグリーン・エネルギーを使うこと、
それだけでは地球を救うことはできないだろう。しかし、人々になぜ環境問題
が重要なのかすぐにわからせようと、いつも同じ環境活動家と何度も話し合っ
ているだけでも、地球を救うことはできないだろう。

　大きな問題という視点を手放す必要があると言っているわけではない。気候
変動を大切に思うからこそ、それを実体的で影響を与えることのできる課題に
分割する必要がある。これは簡単な道を選択するということではない。もし、
私たちが大きな変化を起こすことのできるパワーを持てるなら大きな目標を設
定すればよい。しかし、問題を一回で解決できるパワーを持っているふりをし

てはいけない。それでは全く何も変化を起こすことができない。大きな問題を
ある課題にする。この時、私たちは、重要で十分に意義深い野心的な目標を選
ぶ。さらに、この目標はパワー分析に基づいていて十分に勝利可能でもある。

　たとえ小さなものであったとしても、特定の課題に勝利するということは変
化を起こす。先ほどの5人の再生可能エネルギーの例もそうだ。そのこと自体
が重要であるということと同時に、小さな成功は達成とモチベーションの感覚
につながる。次のステップとしては、その5人がそれぞれ5人ずつを誘うこと
になるかもしれない。そして次には、その人たちとあなたで地元の議員に、再
生可能エネルギーへの投資の法案に国会で賛成するよう、説得することにつな
がるかもしれない。これは少しずつ変化を起こしていくという戦略である。目
標を小さなものから、より大きな勝利へと変化させていく。段階が進むごと
に、より効果的になり、そして人々との関係性も形成されていく。

ワーキング・プアという問題を生活賃金キャンペーンはどのように課題にしたか

　生活賃金キャンペーンをもう一つの例としよう。2001年にイースト・ロンド
ンで始まったこのキャンペーンの物語と経験は、賃金が低すぎるために二つあ
るいは三つも仕事を掛け持ちしなければならず、子どもたちと時間を過ごすこ
とができない親たちのものである。「ワーキング・プア」は大きな問題であ
る。しかし、ワーキング・プア自体に対して、親たちやコミュニティに何がで
きるだろう。苦痛の声をあげたり、注意を喚起したり、祈ったりすることはで
きるかもしれない。ただし、その問題を課題にしなければ、彼らがそれに取り
組むことはできない。生活賃金キャンペーンは、数字（当時は時給5.80ポンド）
に焦点を当て、ある企業がそれを支払うか支払わないかということを重視し
た。これは単にある特定の目標というだけではなく、ある特定の地位や階層に
いる特定の意思決定者に焦点を当てることを要求している。私たちのキャン
ペーンは当初から、よくあるように政府が介入したり立法化したりするという
ことからは始めなかった。このキャンペーンは、それぞれの問題を抱えた人々
で、地元の雇用者に十分賃金を支払うよう説得するような人々の集まりであ
る。このキャンペーンは実体的で勝利の可能性もあったが、簡単なものではな

かった。最初の病院を説得するまでに 2 年、最初の銀行を説得するまでに 3 年かかった。しかし、それぞれの勝利によって、キャンペーンのパワーと、他の雇用者がそれに倣うべきだという圧力は高まっていった。

　このことは単純に聴こえるかもしれない。しかし、変化を起こそうとする人の多くが理想主義だというところに問題がある。彼らは今私たちがいるところから、私たちが理想とする地点まで一挙に進もうとする。彼らはよりよい世界を何年も夢見ており、そこに向かうための小さな少しずつの進歩を長すぎる道のりだと感じる。私も大学を卒業する頃は、そのように感じていた。ロンドン南部の子どもたちの生活のひどさに、私は不正義を感じていた。また、私は社会がどうあるべきかについて、社会科学を学び、学位をとっており、急進的な理論で武装していた。

もっと公衆トイレを

　変化を起こすということが実際にはどういうことかよくわかったのは、私が初めてロンドン・シティズンズ (London Citizens)[1] の行動に参加した時である。2003年のある水曜の午後、私は時間ぴったりに集合場所のブリクストン (Brixton)[2] のセント・マシュー教会に集まった。その集まりは何についてのものだろう——人種的な不公正、あるいは不平等についての集まりだろうかと私は思っていた。そして、ラディカルな何かの一部に自分がなれることに興奮していた。そのため、その日の集まりの目的が実はブリクストンの中心部に公衆トイレを作ることをランベス区 (Lambeth Council) に要求することだと知った時は少し落ち込んだ。私は座って話を聞いていた。その地域には公衆トイレがないので、週末の深夜にナイトクラブから出てきた人たちが、そこらへんで用を足すという状態だった（教会の階段やお店の玄関口で）。そして、朝に教会やお

1）　London Citizens とは、200の学校、大学、宗教団体やコミュニティ団体の連合体。地域及び国レベルの課題について、変化を起こすためにともにアクションを取れるよう様々なバックグラウンドを持つ人々に研修を実施。https://www.asdan.org.uk/partner/view/london-citizens
2）　ロンドン南部の地域。

店に行く人はおしっこの中を歩かないといけないのだった。その時、私は二つの意味で居心地悪く感じていた。一つは、世界を変えると思って参加したのに、ここでは公衆トイレについて議論しているからである。もう一つは、実はその前の週に私もそのナイトクラブに行っていて、犯人の一人だったかもしれなかったからである（そのクラブはその教会の目の前でミサというドラムンベースのクラブ・イベントをしていた）。

　区役所へ行進する途中で、私は真面目すぎないプラカードとして採用されていた磁器製のトイレを義務的に順番に持った。それはあなたが思っているよりずっと重かったが、それよりも心配だったのは、区役所の建物に着く前に友人に街で便器の隣で「もっとトイレを（More Loos）」のプラカードを持ちながら立っている姿を見られないかということだった。そして、その時に自分たちとは別のデモがあった。こちらもランベス区役所が会場で、そこでは3人がそれぞれもっと見栄えのするスローガンのプラカードを掲げていた。「平和」、「平等」、「公正」と。私はそっちの方に行ったほうがよいのかもと一瞬思った。しかし、私が忠誠を誓う先を変える前に、担当のキャビネット・メンバーが区[3)役所の階段に来て、なんと「トイレ計画」の方に賛意を示し、2ヶ月以内に詳しい状況を話し合う会合を持つことに同意したのだ。

　この行動の結果として、試験的な計画が開始され、1日に「もたらされる」尿の量を調べるための仮設トイレが導入された。そして、その地域全体の計画も発表され、25の会社がトイレ施設を公衆に開放することになった（調査で尿が多いという経験が実証されたのだった）。さらにランベス区は、区の中心部では500m以内に公衆トイレにアクセスできるようにすることを約束した。

　トイレなんて重要なことではないと思うかもしれない。しかし、高齢であったり、病気や障がいを持っている人にとっては、トイレへのアクセスは外出する際の大きな障害となっている。さらに、正直に言おう。我慢している時、トイレを見つけることは、あなたにとっても世界で一番大事なことのはずだ。と

　3）　日本と異なり英国では自治体レベルでも議院内閣制をとっている自治体があり、キャビネット・メンバーは区議員でありつつ、区行政の執行を担当する。

にかく、トイレ・キャンペーンの成功は、人々がパワーとより野心的になる自信をつけることにつながった。ランベス・シティズンズ（Lambeth Citizens）が、生活賃金キャンペーンを勝ち取ること、消費者金融業者を規制すること、難民を迎えること、そのほかもっと色々なことにつながった。世界を変える一つの素晴らしい瞬間というものには引き込まれる魔力があるが、私の経験から言えることは、世界をあるべき姿に近づけるのは少しずつのステップの方なのだ。

オキュパイ・ロンドンとロンドン・シティズンズの違い

「平和、公正、平等」という素晴らしい目的のブリクストン・ヒル（Brixton Hill）の３人のデモの光景については、何年か後に、銀行破綻とそれに続く「緊縮財政の時代」に反対するオキュパイ・ロンドン（Occupy London）の九つの項目の声明文を見た時に再び思い出した。そこには以下の三つのことが書いてあった。

①私たちは、世界的な課税の不公正と、人々ではなく企業を代表している民主主義を終わらせることを求める。
②私たちは、真の世界の平等のための構造的変化を求める。
③私たちは、現在と将来の世代のためのポジティブで、持続可能な経済システムを求める。

初めて見た時には、これは感動的で革命的だと見えるかもしれない。しかし、もう一度考えてみると、これに誰が同意しないだろうか。これが言っていることは幅広すぎて曖昧すぎる。そのため、トップ100に入る大企業の最高責任者の半分以上や、下院議員のほとんど全部も同意するだろうと思われる。これでは誰かに十分に責任を持たせることはできないし、私たちが実際に前進しているかどうかを知るためには十分に具体的になっていない。先にも述べた通り、メディアの大きな注目を集めたにもかかわらず、オキュパイ・ロンドンによる税、平等、持続可能性についての抗議からは、はっきりとわかるインパクトは残らなかった。問題を課題にすることできなかったという失敗が、その理由の一つなのである。

このことを2009年にバービカン（Barbican）で開始されたロンドン・シティズンズの「金融危機に対する市民の反応」集会のアジェンダと対比させてみよう。

①雇用者は、すべての被雇用者に時給7.60ポンド（当時）の生活賃金を支払うこと―これには現場の下請け契約者も含み、またこれはロンドン市公社から始めること。
②政府は、搾取的な消費者金融業者を規制するために、個人の債務に年利20％の上限を導入すること。
③政府はコミュニティと零細企業の発展のため資金提供を行ういくつかの地域基金を設立すること。その資本は、政府が金融機関の救済のために注入した資金（約100億ポンド）の返済金から1％を入れること。

それでは、特定の課題に焦点を当てることで、どんなインパクトが起こりうるだろうか。生活賃金を求める一つ目の点について、マーク・ボリート（当時ロンドン市の政策及びリソース委員会の副会長）は集会に登場し、公衆に向かって反応をしなければならなかった。正しく定義された課題は、イエスかノーのどちらかということを求める。そのような明確化を避ける曖昧な原則の表明はここにはない。そして、その日のマーク・ボリートはポジティブな姿勢と協働を明示してくれた。ロンドン市公社は今や生活賃金認定事業所（Living Wage Employer）として、何百人もの低賃金労働者の生活を支えており、シティに位置する多くの他の雇用主の模範となっている。

　二つ目の点について、シティズンズUKや他のパートナーによって、利子の上限を設けることで搾取的な消費者金融業者を規制するよう政府を説得するキャンペーンが多く行われた。しかし、それは成功しなかった。金融行動監視機構は、高利短期小口ローン貸金業者の顧客に課す返済の上限を、年率20％ではなく、返済額は金利と手数料を含め借りた額の2倍以内とすることとした。これは私たちが求めたものそのものではなかったが、多くの搾取的な消費者金融業者を違法とし、数十万の人々を救うという大きなインパクトを残した。

　三つ目の点については、私たちは全く成功できなかった。これは、定義上では「課題」というのに十分具体的だった。しかし、それは提案として野心的す

ぎたし、シティズンズUKはそれだけ多額の地域支援をするよう政府を説得できると、自分たちのパワーを多く見積もりすぎていた。

　このように、問題を課題にすることは、決していつも成功を保証するわけではない。しかし、問題を課題にすることに失敗すれば、目に見えるインパクトを残す確率は大きく下がる。単に注目を喚起することを目的としたイベントや、幅広いビジョンを掲げた声明の行進を見る時、私はそこに何か具体的な課題があったなら、そうすればもっと圧力が感じられ、何か変化が起こるかもしれないと考える。もし、そのことがとても大切であることが、はっきりと明白になっているのなら、なぜそれは起こらないのだろうか。何が障害となっていて、どのようにその障害を乗り越えることができるだろうか。

なぜ問題に固執してしまうのか

　問題は会議につながり、課題はアクションにつながる。学校や大学を通じて私たちは「生徒」になることを教えられている。たとえば、分析したり、議論したり、ある意見に賛成したり反対したりすることである。しかし、私たちは「市民」になることを教えられていない。具体的には、政治の技術、変化を起こす闘い方や現実的な妥協の仕方などを学ぶことだ。分析と会議が成功の基準である組織で、私たちは何年も過ごしてきているのだ。

　問題は会議につながり、課題はアクションにつながる。小さな課題に分割するのでなく、問題に固執することの大きな利点は、あなたがいつまでもその問題について議論できることにある。貧困は問題である。それは大変複雑で多面的なので、多くの分析が必要になる。さらなる議論とさらなる研究が必要になる。そして会議を開催する。誰もがそこに参加して、貧困は大きくて複雑な問題だということに誰もが同意し、そしてさらなる考察が必要ということになる。

　また、私には、学生政治による民主的な行動というものにうんざりした経験がある。世界的な貿易の不正義について、ある集まりがあった。誰かが私たちの大学にフェア・トレードを採用するよう言ってきたのだ。はじめの1時間、私たちはその「トレード」という言葉について、それが私たちの原則を犠牲にしているかどうかを議論した。それは本質的な価値に関わるというより、全く

金銭的なものであったためである。次の 1 時間、フェア・トレードのマークが十分に強力かということを議論した。たとえば、自分たちのマークを作るべきではないのか。それから最後の 1 時間は横道にそれて、コロンビアのコーヒー生産者が本当は破綻した政府によって抑圧されており、代わりにそちらのキャンペーンをするべきではないのかを議論した。多すぎる会議で、何の影響ももたらさない運動についての議論や修正が行われ、時間とエネルギーが浪費された。アクションを起こし、変化を起こす計画がないなら、それに賛成するか反対するはどうでもよいのだ。私たちがやっていたのは、最終的な結果はさらなる議論や分析で、結局アクションには結びつかないという学問のゲームのやり方の真似事だったのだ。

　そして現在は、ソーシャル・メディアが分析と議論という傾向を強化している。ある問題について、一生自分の意見を持つことだけに固執する機会は増えても、課題についてのアクションはいつまでたっても起こらない。反響する部屋にいるようにお互いに同意し合うか、決して会うことはない人と焦点のない議論をしているかで、意思決定や結果につながる実際の変化は起こらない。一見、政治的な取り組みをしているようでも、実際は分断が強化され、政治的なアクションについて人々が奮闘したり妥協したりすることにはつながらない。

　問題を課題にすることを人々が避けてしまう二つ目の理由は、特定の「課題」に取り組むことからくる実世界での緊張と対立の居心地の悪さである。世界の資本主義システムの結果から起きる不平等については、誰も（どの人も）責任があるわけではない。しかし、会議が終わった後にその会場を清掃する多くの男性や女性に生活賃金を得るよう行動すること、これは一つの課題である。ある大学の学長が生活賃金を支払うか、支払わないか、それは現実的で具体的であるからこそ、対立を起こす課題なのである。個人も組織も対立が嫌なのは同じである。たとえば、ある組織が政府に援助されているのなら、問題について会議や議論を開催することの方が、政府の閣僚に迅速に説明を要求するよう問題を課題に分割するよりも簡単である。

　最後に、ある人たちは負けることに謎の慰めを感じるようである。それは無力と合わさった理想主義から来ている。そこでは人々は負けるという道徳的

高みに甘んじるようになる。このようなセリフが言われることがある。「私は立派な原則を持っており、世界はあまりにもおかしい。だから敗北は、どれだけ私が正しく、どれだけ他の人たちがおかしいかを証明しているだけなのだ。」

自己利益にしっかりつながっている課題こそが行動を起こす

　このような障害を超える方法は、実体的で自己利益にしっかりとつながっていることから始めることである。現在いる人々に現実に起きていることから始めること。理論や原則や、ニュースで読んだだけの課題について議論するのではなく、ローザ・パークス、アブドゥル・ドゥラーン、サジード・モハメドや、彼らの知人の例では、世界がどのようにあるべきかという曖昧な感覚ではなく、個人的なことが取り上げられたのである。負けるか勝つかというところに立っている誰かの物理的な存在が、状況を議論からアクションへと進める強い推進力となる。その結果によって個人的に利益を得るか犠牲を強いられるかという人物がいないキャンペーンはどれも、課題の明白さの中ではなく、問題の不安や心配の中で敗北してしまう。キャンペーンの中で、変化を起こすパワーを持つ時こそ正義を実現できるという原則を認識し、アプローチについて同じように考えている人々を集めることもよい考えである。それから勝利可能な課題を選び出す必要性が明らかになってくる。そして、抽象的な議論ではなく、戦略についての議論が行われる。これはどのキャンペーン・チームでも当てはまるし、民主主義のより広いスケールでも当てはまることである。私たちは、ただ勉強するだけでなく、政治の実践によって、人々を市民へと教育する社会レベルの努力をする必要がある。

　終わりに、関係している人誰もが問題を課題にする必要があるにしても、正しい方法と正しいタイミングでそれを行うのは本当に熟練が必要である。小さな特定の課題よりは、人を動かす問題やビジョンに、多くの人が集まりがちである。そのため、一つの方法は、大きくて幅広い全体的な「ブランド」（看板）はキープしつつ、ある具体的な提案をそこに入れ込んで焦点化することである。メイク・ポバティ・ヒストリー（Make Poverty History）のキャンペーンはそのよい例である。そのブランドとビジョンは幅広いもので、何百もの地元の

組織を連携させ、2005年のG8サミットで20万人以上に行動を取らせるのに足るものであった。しかし、しっかりと交渉テーブルの上には特定の課題が用意されていたのである。それは国際援助に政府が0.7％を使うという目標である（2017年の保守党政権は再びこれに取り組んだ）。この例を地域のキャンペーンに当てはめるなら、まずは大きな問題について話し、イベントを続けることから始め、そこでパワーを作り上げ、人々をグループや運動に勧誘して、人々と関係性を作る。こうすることは、あなたが、人々の間で信頼を形成することに時間を投資していることを意味する。そうすることで、あなたは問題を勝利可能なパーツに分割し始め、あるものを他のものより上に優先づける際に、正しい課題が何かを選ぶことの葛藤や意思決定の困難さを乗り越えることができる。

キャンペーンの内部で課題を決定する難しさ

　問題を課題にしようとする私の経験すべてのうち、最も痛みがあり重大だったのはシティズンズUKのストレンジャーズ・イントゥ・シティズンズ（Strangers into Citizens）キャンペーンである。そのキャンペーンは英国に住んでいる100万人程度の証拠書類を持たない移民[4]を一度に合法化しようというものだった。シティズンズUK内部のメンバーの支持を得るだけでも大変なことだった。はじめ多くの人は、不法移民は市民権に値しないと強く感じた。その人たちに永住権の可能性を与えるというキャンペーンは不法行為に褒賞を与えることになりかねないし、不足する社会資源により緊張を与えかねないと感じられた。

　内部の同意を得るターニング・ポイントは、合法化による経済や安全に関する利益についての政策的議論からは起こらなかった（もちろん私たちはキャンペーンの中でこれらの点についても議論をしたが）。そのターニング・ポイントは、メンバーの中で人々が以下のような声をあげて説明する空間を作ることができた時に起こった。「私たちが今話しているのは、私と私の家族のことなので

4）　原文はundocumented people。日本語としては不法移民と訳すこともあるが、illegal（不法）という否定的な言葉を避けて、より中立的なundocumentedを使う場合がある。

す。あなた方は私たちを見たことがあるでしょう。私たちのことを知っている
でしょう。でも私たちは毎日恐怖の中で生活しているのです。」皆が英国で何
年も住み働いてきた親たちの話を聞き始めた。その人たちには学校に行ってい
る子どもたちがいるが、家族が追い立てられ、子どもたちの将来がめちゃく
ちゃになることを毎日恐れていた。祖国の戦争や貧困から逃れて英国に安全を
求めてきた人々なのに、働く権利を持てず、難民システムの忘れ去られた場所
で何年も行き詰まっている。雇用主や大家によって金銭的に、性的に搾取され
ていても、警察へ行くことができない人たちもいた。

　ストレンジャーズ・イントゥ・シティズンズのキャンペーンに中心的に参加
することで、これらの人々は大きな個人的なリスクを冒していた。同意を形作
り、アクションのためのエネルギーを作ったのはその人たちの話であった。そ
して、彼らは問題を課題にするプロセスに含まれていた。成功のためには、証
拠書類を持たない人たちすべてが英国の永住権を持つようにするキャンペーン
を行うことはできないと私たちは考えていた。政府にそれを説得することがど
れだけ難しいかわかっていたためである。そのために、私たちは課題を実現可
能だと思われるところまでそぎ落とさなければならなかった。あるグループは
含めるが、あるグループは含めないということである。この議論は、非正規の
立場にある人たちを、安全で希望のある将来を持てるか、全く持てないかに分
けてしまうことを意味する。

　多くの難しい議論を経て、最終的に、英国に来て７年以上の人に焦点を当て
ることが決められた。これは何千もの人を排除することになり、そのうち何人
かはまさにキャンペーンの中心で活動していた。私には今も二つのことが気に
かかっている。一つは、除外されるが、課題をこのようにそぎ落とす政治的必
要性を受け入れてくれた人たちの尊厳である。もう一つは、難民申請に失敗し
た、ポリオによる障がいを持つジンバブエ人のアンソニーという人が以下のよ
うな説得的な議論をしてきたことである。証拠書類を持たない移民で合法化の
資格を得ようとしている人は、資格を与えられる前の２年の間は社会福祉を申
請できない状況があるという。そして、彼はこのような状況をキャンペーンに
含めることが課題をより勝利可能なものにすると考えていた。私は、一般的

に、あらゆる政府支援へのアクセスに対して妥協する用意があるのは、非正規の地位にある人たち自身であると知った。なぜなら、彼らは、たかり屋として表象されることに怒っており、暗部から出たいと思っているからである。しかし、最終的に勝ったのは、自分自身そのような状況にいない人たちの声だった（もちろん社会福祉の受給を一時的にこのように制限することは皆の原則に反してはいたが）。そして、アンソニーの示唆は私たちのキャンペーンの最終的な提案には含まれないことになった。

民主主義の実践とは

　内部の支援を築き、お互いのストーリーを聞くのに費やす時間が示しているのは、課題を決定するこの難しいプロセスの中でキャンペーンの結束が強くなるということである。キャンペーンのイベントや戦術の中で、私たちはトラファルガー広場で2万人の大集会を開催し、ガーディアン、インディペンデント、エコノミスト、デイリー・テレグラフから「合法化」についての支援を得ることができた。インパクトという点で、そのキャンペーンは、何年も内務省のシステムで行き詰まっている難民の「典型例」の難民申請を早め、16万と推計される人に迅速で、ほとんどがよい結果をもたらすことができた。しかし、非合法移民についてのより大きなキャンペーンでは勝利することができなかった。何十万の非合法移民は未だに恐れと搾取のリスクの中で暮らしている。

　私たちは正しく課題を限定できたのだろうか。アンソニーの難しいが実利的な示唆を取り入れるべきだったのだろうか。私たちに対する力をきちんと評価できていただろうか。私はこのように自己省察をするが、ポイントは、挑戦がよりよいことだということである。成功を得たことを喜び、そして諦めない。私たちは再びもっと具体的な課題でその問題に取り組んでいる。永住権を持つことができる子どもが増えるようにすることを、ロンドン市長のサディク・カーンと協力して行っている。

　このように、問題を課題にすることは、成功するキャンペーンで決定的なステップである。もし、問題が分割されていないのなら、それは手にとってはわからず、圧倒的で、解決するのに大きすぎる。勝利可能な課題を積み重ねるこ

とで、私たちはパワーを作ることができる。いつも簡単というわけではない
が、私たちの持っているパワーが何か、どんな妥協なら受け入れられるかについ
て議論し、熟考するプロセスが、重要な民主主義的な実践なのである。急ごしら
えの大規模な動員とゆるい連携に頼る一回きりの象徴的抗議活動で可能にな
るものとは違う、信頼と関係性がそこには必要となる。

　関係性の中でパワーを作り、問題を課題にすること。それが人々の政治的な
技術を高め、効果的なアクションを起こす準備をするのである。

第 **5** 章

リアクションを引き出すアクション

　これまで論じてきたことをここで要約しよう。まず納得いかない、理不尽と思うことから始めよう。もしそれを変えたいと思うなら、パワーが必要だ。パワーは共通する利益を基にした他の人々との関係を通じて築き上げられる。他人と共有する大きな問題を具体的な課題に分解することで、アクションへの準備が整ったことになる。アクションは人々が持つ能力を変化へと転換する。

　アクションと聞くと、抗議行動を思い浮かべることが多い。抗議行動というのは他の誰かの課題に反応することのように聴こえる。その課題を持つ人が力を持ち采配を振るう中、人々は抗議行動に尽力する。レジスタンスのように反応的だ。アクションはこれとは違う。アクションとは人々に計画があることを意味する。アクションは変化を起こすことで、反応するのは他の誰かだ。デモや行進等の抗議行動に定型の形態があるのに反し、アクションは、お茶会、クリスマスコンサート、報告書発表会、フラッシュモブ、市民集会、清掃活動への住民参加等様々な形態でありうる。取りうる形態やその規模（数は重要だが）ではなく、何を達成するか、どんなリアクションを引き起こすかが重要だ。

リアクションを引き出すアクション

　数多くの様々なアクションと、アクションを有効なもの、あるいはそうでないものとする種々の要因について考えるにあたり、ソウル・アリンスキーの簡潔な言葉「リアクションを引き出すアクション」から始めるのがいいだろう。この言葉から次の二つの意味が読み取れる。

　①アクションは計画に基づくべき。また、どんな反応を達成できたかどうか

に基づいて判断されるべき。

②弱者側は、過剰反応を引き出すよう仕向けることで、強者により強く影響
を与えることができる。

第一の点は、象徴的な抗議行動から距離を置くことを求めている。象徴的な
抗議行動は、それを行うのが正しいという信念の意思表示にすぎず、具体的な
成果を達成するために計画されたアクションではない。たとえば、2011年から
2012年の「オキュパイ・ロンドン運動」に注目すると、その称賛に値する目的
に関し、具体的成果があったかどうか評価する必要がある。この運動の成果
は、世界的な不平等が削減されたことではなく、セント・ポール大聖堂の聖職
者が辞任したことだった。運動の意図にかかわらず、実際に最も緊張した状況
にあったのは、善意ある抗議行動への支援と大聖堂へのアクセスを確保するた
め占拠者らを退かせることのバランスに腐心した大聖堂の職員だった。「リア
クションを引き出すアクション」という評価基準を使うと、私たちはこの運動
について厳しく評価せざるをえない。

第二の点は、効果的抗議行動の戦略についてのより洗練された手法だ。弱者
が本当に力のある組織や金銭力に対抗する場合、「リアクションを引き出すア
クション」という提言は、弱者に、自身のキャンペーン活動を強化するかある
いは相手の権威を傷つけるような、ある種の過剰反応を引き起こすことを推奨
する。一例が、生活賃金を求めるアクションであろう。この活動では修道女ら
が率いたゆっくりとしたデモ行進に対し、大学が犬を連れた警備員を増強し対
応した。この過剰反応が大学を滑稽に見せ、結果的に清掃員の勝利につながっ
た大学と清掃員との交渉実現に大きく寄与した。この二つの事例を比較して学
べることは、象徴的な抗議行動をパワーと変化を求めるアクションへ転換した
ことだ。

効果的アクションの例とその要因

効果的なアクションの基本原則を引き出すため、アブドゥル・ドゥラーンが
HSBCの年次総会で立ち上がり、ジョン・ボンド卿に直接「私たちは同じ職場

で働いているが、違う世界に住んでいる」と言った時に戻ろう。なぜこの話が際立っているのか。二つの全く違う人生の日常がどんなものか想像できるだろう。アブドゥルは、契約清掃会社の制服を着て、夜11時に銀行に到着し夜通し清掃する。地下鉄料金を払う余裕がないのでバスで通っている。8時間机や床を拭いたりした後、午前7時に仕事を終え家に向かう。たった時給5ポンドで家族を養っていけるか不安になり寝つけないこともある。アブドゥルが帰路につく頃、ジョン・ボンド卿が早朝会議に出席するため運転手付きの車で銀行に到着する。ボンド卿は年間200万ポンドの給与に加え、プライベートジェットの使用、歯科治療等の手当も支給されている。2人は丁寧に会釈しながら廊下ですれ違う。両者が持つパワーの差は他にない程大きい。しかし、この年次総会では両者の力関係が逆転した。アブドゥルは最高経営責任者の説明責任を問う公式な権利を持つ株主である。アブドゥルはきちんとした服装で同僚と年次総会に出席していた。立ち上がり自らの話を始めた時、そのありのままの事実は行内の20の職階を越えた。アブドゥルは自分の要求を説明した。猛烈なカメラのフラッシュを浴びながら、自分との会談を求めた。この要求は満たされ、結果、変化を起こすパワーを持つ最高責任者との接点を作ることに成功した。この話から学ぶことは何か。第一に、直面する問題をいくつかの課題に分けることとパワー分析が準備として重要であることを示している。アブドゥルのアクションは、不平等に関する一般的な問題やロンドンにおける労働者の貧困に関するものではなく、ある特定のグループの具体的な賃上げについてであった。また銀行を焦点にしたことにも勝因があった。銀行がこの程度の賃上げを賄えないとは言い難いからだ。パワー分析によると、アブドゥルの雇用主は銀行と契約する清掃業者だが、パワーは顧客である銀行にある。なぜなら、HSBCは調達方針と入札を設定し、業者は通常、入札に勝とうと入札価格と清掃員への賃金をできるだけ低く抑える。よって、このアクションは清掃会社ではなく銀行の意思決定機関のトップに向けられた。

　この年次総会の出来事は、外に向けたアクションが有効なものとなるために必要な四つの要因を示している。

①対立があること。アクションにより、意思決定者が特定の課題、できれば
その課題の当事者に向き合わざるをえない状況を作り出す。対立を作り出
すとは、攻撃的なことではない。相反する利益が通常の力関係を覆す形で
人々の目に触れる、礼儀正しい場面を作ることだ。この場合、アブドゥル
はヒエラルキーの底辺にいる清掃員であり、銀行の年次総会に出席する株
主である。ヒエラルキーのトップにいる銀行の会長は、株主への説明責任
を負う。

②認識されること。活動が知られるようになること。それ以上に、意思決定
者は相手を知るよう迫られる。HSBCの例は「認識（recognition）」（ラテン語
の「再度知る」に由来）の深い意味を完全にとらえている。ジョン・ボンド
卿は清掃員としてのアブドゥルと面識があった。しかし、アブドゥルの行
動から、彼が父親であり、ある程度のパワーを持つ市民であり、株主であ
るということを再認識しなければならなかった。

③緊張状態があること。変化には緊張が必要だ。年次総会でのこの行動の背
景として、HSBCがそれまで生活賃金について検討する会議を拒否してき
たことは注目に値する。調達方針の同意に至るまでの2年間の様々な段階
で、同銀行は生活賃金は違法であり費用がかかりすぎて支払えないと主張
していた。私がいう緊張とは、非暴力的なものを意味する。不公平を可視
化・対比させ、むしろ礼儀正しすぎるのがよい。アブドゥルの年次総会出
席は、彼の生活とジョン・ボンド卿の生活とを対比させることになった。
これは多大な緊張状態を作り、彼のキャンペーンを前に進めることになっ
た。

④関係があること。人々の間のつながりがパワーを築くので、私たちは意思
決定者との関係構築も目指している。意思決定過程の外での抗議行動は影
響を与えるかもしれないが、具体的な変化を求めるなら意思決定過程の内
側に入り、交渉するのが最善だ。年次総会でのアクションは、会議にこぎ
つけるには十分だった。しかし緊張を持続させ、勝利を勝ち取るまでに
は、銀行職員との度重なる会議とさらなる活動を必要とした。また、関係
は思わぬ方向に進むこともある。ジョン・ボンド卿が数年後シティズンズ

UKの会議に出席した時、アブドゥルとの会議は彼のHSBCでのキャリア
で最も重要なものの一つだったと述べた。後にアブドゥルが労働組合の職
に応募した時アブドゥルへの推薦状を書いたのは他ならぬジョン・ボンド
卿だった。

市民からの政策提言

　アクションは、新しい関係を築く機会をもたらす。また、弱者側が強者側に
対して影響力を持ち、説明責任を果たさせようとする時、アクションを起こす
のに最適な時を選ぶことが重要である。上場会社の場合、理事や役員が出席し
株主に説明責任を果たす年次総会、政治家の場合は、票を求めて活発に活動す
る選挙前の数週間がその時だ。このような時がアクションと影響の絶好の機会
だ。ところが、人々が何もしないのではなく必要な戦略がないため、このよう
な機会が無駄になることが多い。英国で伝統的に開催されている選挙候補者の
公開討論会を見てみよう。何が起こるだろうか。少ない日で30人多ければ100
人が教会のホールに来る。牧師が挨拶をし、民主主義の重要性を指摘し参加す
る候補者に謝辞を送る。各候補者は5分の持ち時間に政策提言と他候補者への
批判を組み合わせた選挙演説を行い、その後質疑応答へ移る。私が苛立ってい
るのは政治家に対してではない。人々に対してだ。規律がないのだ。ほとんど
の場合、個々人が個人的な質問をするだけだ。各質問は等しく重要で、質問後
何も残らない。誤解しないでほしいが、公開討論会は何もしないよりもいい。
ただ、人々はこれよりずっと効果的に振る舞うべきだ。

　政治家が述べることをただ聞くために参加するのでなく、たとえば、公開討
論会に行き共に礼儀正しく立ち上がり、具体的な政策に関する質問を目的を
持って行い、政治家に後にその政策に関してより詳しく議論するための会議を
持つよう求めるような20人程度のグループを組織するとしたらどうだろう。あ
るいは公開討論会のオーガナイザーが、このような機会を政治家が彼らのマニ
フェストについて述べる機会ではなくその反対、つまり人々が政策を作り、政
治家はそれを受け入れるよう依頼する機会と位置付けたらどうだろう。

　実は、この考えがシティズンズUKの説明責任会議（accountability assembly）

の元になっている。この会議はよく公開討論会とよく間違えられるが、政治家と人々との間にこれまでとは違う関係を作り出そうとするものだ。最大の違いは、人々が事前に組織化し、共に議題を設定することだ。このように会議が企画されるので、質問は具体的な課題に関する政策提言であり、参加者からの行きあたりばったりのものではない。政治家は、当選したら人々の政策提言を支持するかどうかについて「イエス」か「ノー」の明確な返答等を公の場で回答する機会を与えられる。人々はこの政治家のコミットメントを保持させるようできるだけのことをする。説明責任会議は党派に基づくのでなく、候補者に人々の政策を支持させることが目的だ。政治家と政治家のアドバイザーらは常に投票数を計算しており、このような会議での数は重視される。選挙は数百票差で勝負がつくことがある。たとえ数百人の参加者でも、伝統的な公開討論会に出席するだけでなく、説明責任会議のようなアクションを取ることは大きなインパクトがある。

　シティズンズUKが実施した会合で最も成功したのが2016年のロンドン市長選の時のものだ。ロンドン・シティズンズから6,000人以上がロンドンオリンピック公園の会場に集合した。集合した人々は、年齢、性別、信仰する宗教、エスニシティ、バックグラウンドも様々だが、みな前年に作成した共通の政策アジェンダ「シティズンズ・マニフェスト」の下に結束していた。このマニフェストには、アフォーダブル・ハウジング[1]、若者の雇用、賃金、社会的統合に係る7つの具体的な政策提言を提示した。これらの政策は、提言策定を支援した人々の証言で生き生きとしたものになった。その一つがロンドンの南東部アビーウッドに住むディランという16歳の少年の話だ。住宅価格の高騰により、ディランの家族は彼が8歳の時から五回引っ越さざるをえなかった。これを受けて私たちは、新規に住宅開発を実施する際、供給住宅数の50％をアフォーダブル・ハウジングとすることを定めた開発基準を採択するか、それが実行不可能だとする開発業者の計画を公に厳しく精査することを求めた都市計

1）　Affordable housingとは、市場価格の一定水準の質の住宅を借りるかあるいは購入することが財政上困難な人のための公的助成を受けた住宅。市場より低価格で賃貸あるいは購入できる。

画の認可を求めた。最も大きな拍手を集めたのが、2歳の時からロンドンに住む21歳のイジョマだった。彼女は18歳の時に初めて自分は市民権を持っていないことに気づき、その後、彼女の人生は何も物事が進まない状態になった。これを聞いて私たちは、若いロンドン市民の市民権登録を促進するため、市民権と社会的統合を担当する副市長の創設を求めた。アクションのインパクトを見る前に、ここでこの種の会合がどのように違う種類の民主主義を築こうとしているか検証しよう。

2016年ロンドン市長選の主な候補者、サディク・カーンとザック・ゴールドスミスはこの会合に出席し、そのプロセスと相手候補者を互いに尊重した。これは、ザック・ゴールドスミスによる、カーンは過激主義とつながりがあるらしいとする偽りで社会を分断するような示唆を含むメディアを使った選挙運動とは対照的だった。6,000人の参加者も候補者に敬意を表し、どちらの候補者に対しても政策に関する肯定的な発言については等しく喝采を送り、どの時点でもブーイングやヤジを飛ばしたりしなかった。人々は住宅危機について怒りを覚えていたが、品位を保ち、それについて何とかしようという意思があった。

BBCはこの会合のすべてを収録したが、その様子については他のニュースの背景として夜のニュース番組で約3秒放送しただけだった。ケン・リビングストン前ロンドン市長が反ユダヤ主義の発言をしたとされ、労働党の資格停止処分を受けたのだ。会合関係者はこのBBCのトップニュースの選択にがっかりしたが驚かなかった。メディアが表現する政治文化は、政策より個人に焦点を当てる傾向にあり、建設的な連携より紛争を好む。ケン・リビングストンが8年間公職から離れていても、6,000人が選挙に係る最大のイベントに集結しても、重要な政治の担い手として描かれるのは政治家や有名人なのだ。普通の人々は、自分の意見をツイートしたり、「街の声」として紹介されるかもしれないが、観客の役目に取り残されがちだ。

私たちは会合の終わりに、どちらが勝っても選挙の勝者を祝い政策実施に向けた協働関係を保つため、新市長が登庁する最初の日にロンドン市庁舎に出向き朝食を差し入れると明言した。新たに選出されたサディク・カーンがその月曜の朝に私たちに会いクロワッサンを手に取った時、「あなたたちは私に朝食

を持ってくるという約束を果たした。私もあなたたちへの約束を守るよ」と
言った。責任とプレッシャーとともに数十億ポンドの予算を担うことになった
ばかりの人のその言葉は、連携した市民が説明責任を果たす政治家と協働する
という私たちが目指していたある種の民主的文化をよくとらえていた。1年後
の今、社会的統合、社会移動、コミュニティ連携を担当する副市長が置かれ、
優先課題として、イジョマのような人々に対し市民権登録を促進している。ア
フォーダブル・ハウジングは新規住宅開発での住宅数のうち少なくとも35%、
公的資金の助成を受けている場合は50%を目指すという新しい住宅政策も導入
されている。このような政策はディランとその家族のような人たちが本当の意
味で「手の届く値段の住宅」を自分たちの家とする手助けをするだろう。

国会議員に影響を与える方法

　本原稿の執筆時、総選挙が実施された。[2]どの政党も単独過半数を獲得せず
保守党が少数与党政権をとった。次の選挙も5年の任期よりずっと早く実施さ
れるかもしれない。[3]少数の国会議員による投票行動の変更が法案の可決に大
きな違いをもたらす可能性があり、政府が法案への支持と可決を目指す中、議
員個人の法案修正及び地域の問題について取引する能力が増大する可能性があ
る。次の選挙実施の可能性が強まっており、議員は自らの評判を高め選挙区で
これまで以上の支援を取り付けようとする。人々によるアクションと影響力の
好機だ。人々の目標が全国的なものであろうと地域限定であろうと、人々を組
織しこの目標への支援を取り付けるよう自分たちの選挙区選出の議員にロビー
活動をすることができる。どんなキャンペーンにも本書で示した全部の手法が
適用できるが、自分の選挙区の議員に効果的に影響を与える六つのヒントを以
下に示す。

　①協力者を見つけ地域におけるパワーを構築するためチームを結成するか、

2）　2017年6月に実施された英国総選挙。

3）　この後2019年12月に総選挙が実施され保守党が勝利し、同党のボリス・ジョンソンが
　　　首相になった。

あるいは既存の組織に入ること。議員は自分の選挙区の投票者のことを気にかけるので、結成されたチームや協力者がその選挙区の住民であることが重要。

②国会の下院における重要案件の投票日程を知るいい情報源を見つけること。そうすることで、議員との対話や議員への要請へのタイミングを計ることができる。議員との関係からさらにどんなことができるか、自分の要請をどう論拠づけるかについて理解するため、自分の住む選挙区選出の議員の投票パターンや関心事項を調べること。

③常に具体的なことを議員に依頼すること。たとえば、国会で賛成、あるいは反対に投票する、修正案を提出あるいは支援する、地域での意思決定をするための会合を招集することなど。

④議員の事務局は寄せられた手紙などに目を通し、通常、回答を出す。よって、コミュニケーションは市民が関心を寄せる課題を議員に知らしめることになる。このような議員とのコミュニケーションは個人的であればあるほどよい。選挙区住民からであることを明示し、特定の提案を掲げ、常に返答を要請すること。返事が来なければ再度連絡し、返事がない旨をソーシャルメディアで公にし、それでも返事がなければ、プレッシャーをかけるアクションを計画する。

⑤議員は定期的に地元でのイベントに参加する。これはアクションや対面できるよい機会だ。自分の関心とは異なるテーマのイベントで議員に会う時は、そのテーマに敬意を表しつつ、焦点をそのイベントのテーマから自分のテーマに移す創造的な方法を見つけること。究極の目的は自分の選挙区選出の議員に会い、支援を受けることなのだから。

⑥議員は地元メディアの報道を大変気にかける。よって、ある程度の市民による行動と地元に関係する観点があれば、新聞に取り上げられることは難しくない。

生活賃金キャンペーン

政治家に影響を与えるためにアクションを実施することについて話を続ける

と、生活賃金の問題を政府中心部に浸透させ、それを英国全体にも展開したキャンペーンにはリスク、失敗、忍耐、インパクトの要素があった。当初からアブドゥルとジョン・ボンド卿のように「ダビデとゴリアテ」のようになる可能性があった。首相や閣僚らの執務室を掃除する人々がいる。国で最も権力のある政治家のすぐ傍にトイレ掃除をする最低賃金で働く人々がいるのだ。私たちは、政府庁舎で働く清掃員と10分でも話をしようと、関係者出入口付近で待ったり彼らが次の仕事に向かうバスに一緒に飛び乗ったりして彼らに会おうとした。私たちは、彼らが私たちが主催する会合に出席したり、手紙にサインしたり、メディアに話をしたり、究極的には変化のために彼らの雇用を深刻な危険にさらすことに見合うだけの希望を持たせなければならなかった。

　私たちは2008年、清掃員とシティズンズUKメンバーが署名した大臣に対する嘆願書を提出するため政府機関の集中するホワイトホール周辺を行進した。ここでその後の一連の出来事を起こす重大な成功があった。その直後に発表されたガーディアン紙の記事に返答する形で、子ども・学校・家族省の広報担当官が生活賃金はインフレを起こし人々を失業させるという声明を発表した。これは彼らにとっては重大なミスだが、私たちのキャンペーンにとっては絶好の機会だった。まず、同省は生活賃金の支払いを勧める「子どもの貧困に関する誓約」に署名していた。その上で生活賃金を否定することは偽善的と言える。第二に、私たちが求めたのは、同省の数人の清掃員に対し1時間あたり1ポンド50セントの賃上げだけである。よって、インフレ圧力という考えは全くの誇張で馬鹿げてるように見えた。私たちのアクションとそれへの反応を報じたガーディアン紙の記事で、当時のエド・ボールズ子ども・学校・家族相は左派の労働組合そして右派の保守党の両方から攻撃された。これは同大臣を愚かに見せ、大臣はすぐに同省の清掃員50人の賃金を生活賃金に引き上げた。

　これは私たちの政府に対する最初の勝利だった。これに励まされ、私たちは活動を継続した。より多くの清掃員と対話し、より多くの行進や嘆願書を組織した。2010年に政府は連立政権へと変わり、デイビッド・キャメロンが総選挙前にシティズンズUKの会合で生活賃金を「実践すべき時が来ているアイデア」と呼んだ後、私たちは財務省の特別補佐官との詳細な対話を開始した。し

かし、私たちはすぐに外からの圧力がないと前進しないことを悟り、2011年夏もう一度ホワイトホール周辺での行進を実施した。これには何の反応もなかった。この時私たちはモップとバケツを持って行進したが、これらは才気あふれる小道具というより安っぽい仕掛けに思えた。うまくいかない時はおもしろいものではない。

　悪いことに、このアクションに参画したことがわかり清掃員の上司が清掃員らを問い詰めたため、清掃員らが忍耐を失いつつあると聞いた。外務省の清掃員として働くエクアドル人のケイティ・ロハスのことがすぐに心に浮かんだ。彼女はすでに数年、生活賃金実現のために戦っており、集会で発言したり、要請の手紙に署名をするよう同僚を説得したりしていた。「でも、前回の手紙から何の進展もないのに、私が同僚にまた署名することを説得できると思いますか。私はみんなに借りがあるし、状況はよくなっていないわ」と彼女は言った。これを聞いて、自分が詐欺師のように思えてきた。何か別のことをしなくてはならなかった。私たちは、新聞に載り、大衆の良心に訴えるような対立、アブドゥル・ドゥラーンとジョン・ボンド卿のような状況を作ろうとした。しかし、年次総会のようなイベントはなく、質問をするのはもちろんのこと、清掃員と面会する十分な時間を大臣の予定に入れることなどほぼ不可能だった。清掃員は同じ執務室で働き、同じ政治家と毎日すれ違うというのに。彼らは文字通り同じ机で仕事をしていた。

　清掃員とジャーナリストとの会議でついにアイデアが湧いた。清掃員は面会を求める大臣あての手紙を直接、机の上に置いておくのだ。礼儀正しくそして簡素なゆえ、このアクションは両者間の膨大なパワーの不均衡を逆さにする。両者間の大きな格差は、毎日すれ違うが話したことのない人からの面会の要求という簡単で文化的な要請の中では消えてしまう。まともな人であれば、この要請を断れるだろうか。

　2012年5月、私は、労働年金省で働く清掃員マリッサとキャクストン通りのカフェにいたことを思い出す。2人とも怯えていた。マリッサは手紙を持ち、私たちはどうやって邪魔されずにその手紙を大臣の手に渡すかについて話し合っていた。マリッサには2人の娘がおり、すでにお金のやりくりに苦労して

いたし、マリッサも私もこのアクションが彼女の雇用を危険にさらすことを理解していた。マリッサはなぜ自分がこのアクションを取るか、それは自分自身、同僚そして娘たちに自分はファイターであることを示すためだと話した。彼女がカフェを出る時私たちはハグをして別れ、私はその後長い間待った。

　マリッサがカフェに戻った時、彼女の口から言葉が急速にあふれ出て、私はほとんど何を言っているのかわからなかった。彼女はイアン・ダンカン・スミス労働年金大臣執務室にアクセスする通行証を持っていなかった。彼女は部屋から誰か出てくるまでそばで待ち、出てくるやいなやドアに突進し、執務室に滑り込み、手紙を置いたのだった。この大胆だが簡単なアクションはタイムズ紙で報道され、数週間のうちに同大臣と清掃員との面会のアポイントメントが取れたのだ。

　なぜイアン・ダンカン・スミスが最初の標的だったのか。

　自己利益だ。

　まず、彼には生活賃金に関して強い政治的利益がある。労働年金省はこの時期、支出削減に向けた強力な圧力の下にあり、イアン・ダンカン・スミスの旗艦プログラム、ユニバーサル・クレジットが危機にさらされていた。生活賃金の支払いは、タックス・クレジットと言われる低所得者向けの公的扶助にかかる労働年金省の支出を削減する。生活賃金が広まり政府の政策となることは、労働年金大臣の利益だった。第二に、私たちは生活賃金はイアン・ダンカン・スミス個人の価値観に共鳴するだろうと判断した。イアン・ダンカン・スミスは、カソリック信者としての価値観を持っており、グラスゴーの貧困地区を訪問した際には、公的扶助に頼る人から仕事につくと公的扶助に頼る現状より貧乏になると聞き、それまでの自身の見方を変える経験をしていた。こうしたことから、就業することでより豊かになる（Making work pay）ことの実現を目指していた。彼にはこのような自己利益があったが、私たちがイアン・ダンカン・スミスと面会するためには、手紙を置き、タイムズ紙の報道というアクションを取る必要があった。私は最終的に面会を決定づけたＥメールを覚えている。このメールに「タイムズ紙の記者は、大臣が彼の職場を掃除する清掃員との面会を拒否しているかどうか知りたがっている」と書いた。

　変化には緊張状態が必要だ。権力のある人々には数多くの事柄が彼らの時間を競い合っていて、自分たちの課題が知られて、彼らの最優先事項の一つとなることは本当に難しい。私たちは自分の課題を緊急で適切なものにする必要がある。その後持たれた会合で、清掃員であるジョンがイアン・ダンカン・スミスに言った。「仕事のせいで私の背中の痛みはひどくなっている。妻は私は馬鹿だという。収入は変わらないのだから仕事を辞めて公的扶助をもらえばいいと。でも、私は息子たちに、父親は働いていないと言わせたくないんだ。」この会合の後、これは彼の功績だが、イアン・ダンカン・スミスは、他の大臣とは違って、労働年金省全体の生活賃金を実施し始めた。これによりマリッサとその数百人の同僚に25％の賃上げがもたらされた。さらに強力に首相官邸にこれを推し進めた。

　6週間後、私たちは政府機関で働く清掃員と協力し、他の8省庁で同時に大臣の机の上に手紙を置く活動を敢行した。この活動はイブニング・スタンダード紙及びBBC番組ニュースナイトで報道され、大臣や事務次官等からの返答を得始めた。いくつかの省庁は生活賃金導入へと動いた。労働年金省と他省庁が生活賃金導入へ動いたのに伴い、私たちは、その後数年間、低賃金職員の扱いについて大臣をランク付けする省庁生活賃金比較一覧を発行することができた。2015年7月、政府は「全国生活賃金」を発表した。全国生活賃金は本当の生活賃金より低いものの、最低賃金にとどまっていた人の賃金が10％上昇するなど、約70万人の介護職を含む200万人以上に大幅な賃上げをもたらした。

　これには多くの要素が影響したが、机の上に手紙を置くというマリッサらのとても勇敢で簡素なアクションが重要な役割を果たした。私は彼らの役割を伝えられることを喜ばしく思う。変化は一瞬では起こらない。変化は、一つの小さな会合から次の会合へとどう展開するか、私たちが必要とする変化を起こすことができる人に影響を与える新しい方法をどう見つけるかということだ。変化は数段階先を計画することでもある。アクションが反応や過剰反応を誘発するよう設計されているとき、このような計画は私たちの力を強めることになり、より大規模なアクションに道筋をつけることになる。政府庁舎で働く清掃員のケースでは、このような機会が実際にあったが、それを完全につかむ準備

はできていなかった。二回目に手紙を置いた時に起きた予期せぬ反応は、内閣府大臣の机の上に手紙を置いた清掃員のヴァルデマールがその後清掃会社によって職場を配置換えされ、かなりの額の賃金が減少したことだった。このようなことは想定できたことで、迅速に対応する準備ができていなかった自分が今でも歯がゆい。最終的に私たちはヴァルデマールにとっていい結果となるよう手助けすることができたが、直ちに公然と清掃会社の過剰反応に対応するキャンペーンの機会を失った。

アクションの歴史的な例

　私が示唆を得た「アクションが過剰反応を引き起こす」歴史上の例は、1964年から1965年にセルマで起こった。以下の描写は、本当はもっと複雑な現実を単純化したものだ。1964年公民権法は理論的には人種差別を終焉させアフリカ系アメリカ人が投票できるようにしたが、多くの地域において同法は官僚的な障壁やあからさまな脅迫により実際の投票数にほとんど影響を与えなかった。マーティン・ルーサー・キングJr.とサザン・クリスチャン・リーダーシップ・カンファレンス[4]及び学生非暴力調整委員会[5]のリーダーらは、より強力な法を勝ち取るための戦略を練り、キャンペーンの焦点となる場所を探していた。彼らは、1万5,000人いるアフリカ系アメリカ人のうちたった300人が選挙人登録にこぎつけたダラス郡のセルマを選んだ。アラバマ州知事ジョージ・C.ウォレスは強硬な人種隔離主義者として、ダラス郡保安官ジム・クラークはアフリカ系アメリカ人に対して暴力的行為を行うことで知られていた。セルマは人種問題が最も深刻な場所だったので公民権活動家がそこを選んだというのは事実ではない。セルマは、当局から過剰反応を引き起こし、リンドン・B.ジョンソン大統領を動かすエネルギーと緊急性を作り出すキャンペーンの拡大を図れる場

---

4) Southern Christian Leadership Conference。アフリカ系アメリカ人のキリスト教リーダーを中心に結成された公民権運動機関。マーティン・ルーサー・キングJr.は初代プレジデントを務めた。

5) Student Nonviolent Coordinating Committee。1960年代に公民権運動に学生の声を反映させようと組織された。

所だと活動家が考えたというのが実際のところだ。

　1965年1月から2月にかけて小規模の抗議行動や行進があった。2月26日、アラバマ州警官が若いアフリカ系アメリカ人のデモ参加者、ジミー・リー・ジャクソンに対して発砲、死亡させた。地元警察による最初の悲劇的な過剰反応だ。3月7日、ジャクソンの死に呼応して、セルマから州都モンゴメリーまでのデモ行進が実施された。クラーク保安官とウォレス知事の取り締まりの下、デモ参加者は、鞭、棍棒、催涙ガスで警察に残酷に攻撃され、600人の男女、子どもを含む平和的行進が暴力的なものになった。この光景はテレビで放映され、当局によるこのグロテスクな過剰反応は、さらに何千人もの活動家、公民権活動リーダー、あらゆる宗教・宗派のリーダーをセルマに呼び寄せることになった。警察の暴力的な反応が予想されたことから、マーティン・ルーサー・キングJr.と他のリーダーは3月9日に予定されていた次のデモ行進を早期に取りやめた。公民権活動リーダーと支援者はセルマでのデモ参加者の保護と選挙権を保証する新法の設置を連邦当局に訴えた。緊張が高まり、人種隔離主義者による新たな殺害が起こった。この時の被害者は若い白人の牧師、ジェームス・リーブだった。

　地域レベルでの闘争が全国ニュースになり、無視するわけにはいかなくなったジョンソン大統領は、デモ行進参加者の安全を保証するために事態に介入した。3月21日、1,900人の州兵が保護する中、2万5,000人がセルマからモンゴメリーまで行進した。世論が転じ、1965年8月までに人種差別を禁じ投票への公平なアクセスを阻む障壁を取り除く新しい投票権法が成立した。これは戦略だった。弱者側が将来のアクションを計画したのだ。自分たちの最初のアクションが、相手側を悪く見せ自分の側の支援者を活発化させるような過剰反応をどう引き起こすかを割り出し、自分たちのパワーを高め、より大きな活動を実施し、最終的に勝つことを可能にした。

　私たちがいったん目覚め、興味を持つと、どの地域やいつの時代にも人々のパワー、アクション、変化の歴史があることがわかる。私のお気に入りのロンドンのボウにあるビクトリア公園はその名前から、寛大な王室からの寄贈であるように思える。実際は、ロンドンの貧困地域であった地域の人々のパワーと

アクションの結果である。19世紀の工業化されたロンドンでのスモッグと住民の不健康、多くの王立公園がロンドン西部にあったにもかかわらず東部には一つもないという事実を踏まえて、3万人の署名が集められ、地域住民がバッキンガム宮殿まで東ロンドンに公園を要求する行進を行った。このキャンペーンは成功し、7年後にはビクトリア公園が完成し、チャリティ団体が大規模な政治集会にこの公園を使い始めた。このような話は、私たちが自分たちのアクションを計画し、自身のキャンペーンを構築し、歴史に自らの章を刻む際のインスピレーションとなるだろう。

第**6**章

キャンペーンを作るための実用的なツール

キャンペーンを作るための具体的なステップ

　この本の要点はあなたが変化を起こせるようになることにある。変化を起こすことは小さなことから始まる（たとえば、まだあなたはリーダーではないかもしれない）。しかし、そのことが重要なのである。もう少し多くの人が集まれば、もう少し大きなことができる。小さな変化がたくさん集まって、大きな変化が起こるのだ。だから、この本を読み終えるまでに、あなたに最もしてほしくないのは以下のように考えることである。「これまでこの本で説明されてきたことは確かに興味深いが、私が変化を起こしたいと思っていることについては、役に立たないのではないだろうか。」

　この章は、この本の二つ目の実用的な章である。ここでは、コミュニティ・オーガナイジングのキャンペーンを発展させていく際の重要なステップについてまとめる（いくつかの交渉のコツも含めて）。あなたが直面している状況には合わないだろうと諦めないで欲しい。もし、あなたがすでに違うやり方でキャンペーンを行っているなら、当てはまるもののいくつかを使って、当てはまらないものは使わなくてよい。もし、ある段階から次の段階に進む方法がわからないのなら、この本の以前の実用的な章に戻ってほしい。こういう時にいつも役立つ基本的なツールは、やはり、スティック・パーソン、一対一の対話、パワー分析なのだから。

　コミュニティ・オーガナイジングはリサーチ、アクション、評価というサイクルで進む。その道のりは整っておらず、いつも同じルートを辿るなんてことはない。それは職人芸であり、その最中のほとんどの時間にはうまくいっているのかさえわからない。それでもあなたは実行し続ける。これが今までの偉大

な社会変革の過程そのものなのである。以下の３点がその全体的な考え方として言えることである。

①方法は、実験のための基礎として存在する。
②人との関係性を最も優先し、進みながら一緒に学び続ける。
③笑いを忘れない。特に難しい状況において。

それでは、プロセス順にリストアップし、それぞれを手短に説明していこう。３つのパートがあり、それぞれにいくつかのステップがある。

リサーチ
①チームを作る、もしくは参加する
②リスニング・キャンペーンを行う
③集団意思決定イベントを行う

アクション
①内部でのアクション
②外部へのアクション
③出席者数

評価
①学ぶ
②お祝いする

　方法とともに実際のキャンペーンのストーリーについて描くことで、そのテクニックを説明していきたいと思う。このストーリーはイスマエル・ムソケという若い男性についてのものである。彼はこの国、英国に生まれたが、小さい頃ウガンダに戻って幼少期の大半をそこで過ごした。17歳で英国に戻った時、彼には全く知り合いがいなかった。彼はシャイで寡黙だった。そして、彼にはここ英国が実際にふるさとであるのに、ふるさとであると感じるには努力をする必要があった。

クロイドン（Croydon）[1]のクールズドン・カレッジ（Coulsdon College）[2]に彼が在籍していた時からこのストーリーは始まる。彼はシティズンズUKのコミュニティ・オーガナイザーに出会う機会を得た。そのオーガナイザーはイスマエルの心配していることが何で、彼が何を成し遂げたいと思っているかを尋ねた。イスマエルは仕事を得られるか心配しているということと、彼が受けた差別の経験に怒っていることを伝えた。また、彼は所属感を得たいと望んでおり、変化を起こしたいと思っていた。そこで、オーガナイザーは次の日にカレッジで行われる初級トレーニングに参加することを提案した。

リサーチ

チームを作る、もしくは参加する

「思慮に富み、意思のある市民の小さい集団が世界を変えるということを疑ってはいけない。それだけが実際に起こってきたことなのだから。」

マーガレット・ミード

いつも最初はチームを集めることから始まる。最初の段階では2、3人の小さいチームかもしれないが、それが出発点である。そのチームはより多くのスキル、時間、知識、ネットワークをもたらす。また、おそらくあなたは空いている時間にこれを行っているので、大事な時に生活が忙しくなり、助けが必要になるだろう。

以下によいチームの基本をいくつかあげたいと思う。

①3分の1が会議に出られなくても大丈夫なように、人数は8人から15人程度。
②スキルの幅が広く、異なるネットワークを持っている人たちであること。
③役割が明確に割り当てられていること。
④行動と説明責任を果たす文化があること。

1）　ロンドン南部の区。
2）　主に大学進学準備のための2年間のシックス・フォーム・カレッジ。

最も強調したいのは、関係性を育ててモチベーションを養うことの重要性である。関係性はチームを維持し、モチベーションはチームを前に進める。二つのシンプルなやり方がある。

①個人的なストーリーを共有し、課題に関して、身近で実際に感じられるようなところから導入を始める。そして、「あなたにとってこの課題が重要なのはなぜなのですか」と質問する。このことでモチベーションが絶えず強くなり、個人的な状況が明らかになり、皆の関係性が発達する。
②一緒に食事をする。楽しみを共にする。そして、人々が一対一の対話で会うように促す。

　さて、先ほどのストーリーに戻ろう。イスマエルはコミュニティ・オーガナイジングのトレーニングに参加し、夢中になった。その段階では彼には役割や地位はなかった。パワーもほとんどなかった。しかし、方法によって、ネットワークを作って、影響力を持ち、スキルを高めることができる。そして、彼が大切に思っていることに取り組むことができる。まず、彼はパワー分析を行った。そして、次の大学の選挙で学生組合の代表に立候補することが、彼がパワーを高める方法の一つだと考えるようになった。それから、チームを作るため、彼は何人かの友人やクラスメイトと一対一の対話を行った。この５人程度のチームを作る中で、就労可能性を高めるためにスキルや履歴書に書くことのできる経験を増やしたいという学生たちの関心を彼は共有することができた（少なくともこの段階では全く大げさなものではなかったが）。そして、皆は選挙で彼を支持することに同意してくれた。

リスニング・キャンペーンを行う
　「リスニング・キャンペーン」という言葉を聞くと、市場調査、アンケート調査、ニーズ調査のようなものを思い浮かべるかもしれない。それらとの決定的な差は、リスニング・キャンペーンでは以下の二つを同時に行っているという点にある。

①人々が大切に思っていること（人々の自己利益）が何かを見つけようとすること。
②変化を起こすよう人々のパワーを作り上げていること。

リスニング・キャンペーンを終えた時、以下のことが手に入る。

①人々の、つまり共通する自己利益から出てきた課題（あるいは課題のセット／マニフェスト／優先順位）。
②プロジェクトと運動の実現を前進させる当事者性とパワーを持った人々の集団。

リスニング・キャンペーンが有効であるというのは誇張ではない。もし単にアンケート調査をしただけでは、課題に取り組む能力は初めの段階からは成長しない。人々の考えていることについて調査しても、それについて何かをする当事者性、責任、能力を持つことにはならない。一方で、リスニング・キャンペーンは、人々がパワーを作り上げ、自身が直面している課題に取り組むことを目的とする。

リスニング・キャンペーンは、人々自身が大切だと思っていることについて発言し、変化を起こすことに取り組ませる。

①チームとともに、聞き取りを行う近隣やコミュニティを特定する。計画を立てる。可能なら、リスニング・キャンペーンをすでに行われている活動に組み込む。そうすることでより多くの人にアクセスでき、労力を節約できる。
②パワー分析を行って、取り込むべきリーダーやネットワークを特定する。
③なぜこれに取り組んでいるかというあなた自身のストーリーを有効に使う。なぜ聞き取りを行っているのか、何が焦点なのかなどである。そうすることで、ストーリーがより明確になり、同時に他の人が参加する動機づけを行い、その人を鼓舞することができる。
④チームの中で、対話を通じてリーダーシップが育成され、同時にリーダー

を見つけることができる。関心が高く、つながりあっていることが際立っている人々がいる場合、仲間に加わるように誘い、また他の人を連れてくるよう聞いてみる。

⑤感情に訴えるストーリーを見つける。内部での意思決定の際や、外部で変化を起こすようアクションをする際に、これらの感情に訴えるストーリーが人々を動機づける。

　チームは一緒にリスニング・キャンペーンを計画しなければならない。また、キャンペーンのプロセスの中で、リーダーは少なくとも一歩先を行くようにしなければならない。そうすれば、あなたは聞き取りがどこへ向かっているかわかっており、次のアクションへ人々を誘うことができる。

　イスマエルと彼のチームにとって、リスニング・キャンペーンが成功の唯一の希望だった。彼の対抗馬はとても人気のある学生だった。そのため、ポスターを貼ったり、数人で選挙演説をする通常の学生組合の選挙方法は、彼には役立たなかった。誰も彼の名前を知らなかった。そのため、彼は別の方法を必要としていた。彼は学んだトレーニングを実行に移し、各クラスのリーダーや影響力を持つ人を含む学生の全体を分析した。彼と彼の小さなチームは、4週間で300人以上の学生に（1人5〜20分の）対面によるリスニング・キャンペーンを行った。この対話を進める中で、彼のチームは5人から15人に拡大した。その学生たちは犯罪、雇用、公共交通などの課題について心を砕いていたが、通常の選挙プロセスには関わらないような学生だった。学生の選挙は通常は単なる人気投票であって、結果としては何も起こらないことが多い。だが、このように学生が自身の問題について声を上げるなら、彼らはその解決の一部となることが要求される。

集団意思決定イベントを行う

　リスニング・キャンペーンをしている時に最も重要なことは、パワーとエネルギーを蓄えることだ。そして、それを失わないようにすることが重要だ。リスニング・キャンペーンは、すべての人が集まり、お互いに耳を傾け合う集団

意思決定イベントでクライマックスを迎える。これはあなたのいる文脈によるが、会合、もしくはコミュニティのお祭りのようなものかもしれない（私はいつもコミュニティのお祭りのたとえを使っている）。

　集団意思決定イベントは、優先順位と次のアクションに関する当事者性を作り上げる。リスニング・キャンペーンから直接、集団意思決定へと移り、エネルギーを失うことなく、アクションへと進むのがよい。どの文脈においてもそれを正しくやるのは熟練を必要とする難しい作業だが、一般的には二段階のプロセスがある。一段階目では、リスニング・キャンペーンで聞いた課題と関心をフィードバックし、いくつかの優先順位について合意する。次の段階では、問題を課題にし、戦略（公でのパブリック・アクションを含む）を決めるため、追加のリサーチが必要になる。

　イスマエルの場合、二つの重要な意思決定イベントがあった。一つ目は、カレッジで彼が選挙で掲げるマニフェストを決定するため、リスニング・キャンペーンの結果を30人の学生で持ち寄った時である。「若者の雇用／働く場」が最も多く、運動の最後の週までに、イスマエルは理解を得られるこの課題を主題にすることにした。イベントや演説の際に、彼は学生の実例に基づき、実際の、かつ説得的な話をすることができた。リスニング・キャンペーンで作られたネットワークによって、イスマエルのチームは選挙をひっくり返すことができた。僅差で選挙に勝ち、学生組合の代表となったのだ。彼は目標としていたことの一部を成し遂げることができた。いまや彼はカレッジのことをよく知り、また、より自信を持てるようになった。しかし、彼は実際の変化を起こすことを望んでいた。若者の雇用と働く場について、よい変化が少しでも起こるかもしれないという仲間の学生の希望を彼は高めた。小さな予算と、カレッジの階層構造への小さなアクセスしか持たない学生組合の代表というポストでは、その変化をもたらすことはできないということが問題だった。彼にはもっとパワーと仲間が必要だった。

　二つ目の意思決定イベントは、クロイドン・シティズンズ（Croydon Citizens）の集会だった。地元の学校や教会からのグループが、次の地元の選挙で政治家たちに要求する共通の優先順位を決定するために集まった。イスマエルはクー

ルズドン・カレッジから25人の学生を連れて行き、ファースト・ステップ・ク
ロイドン (First Step Croydon) というプロジェクトの提案をした。その提案は
100人の学生に働く場をもたらすものだった。そして、その提案は政治家に要
求するトップ4の課題として選ばれた。イスマエルとチームが喜んだことに、
約50人の学生が次のシティズンズの集まりに参加する約束をしてくれた。その
集まりでは政治家たちが、ファースト・ステップ・クロイドンのプロジェクト
におそらく同意してくれる見込みがあった。

アクション

　ここではアクションについての戦略を説明する。ここは単にある種の出来事
というより、考え方や習慣についてのセクションである。どのようにパワーを
作り、私たちが大切に思っていることについての実際の変化を起こすことがで
きるだろうか。何が私たちの望む反応 (リアクション) で、次のアクションはど
う作りあげればよいだろうか。

内部でのアクション

　キャンペーンの特に初期段階では、内部でのアクションがその能力を高める
ために役立つ。リスニング・キャンペーンや意思決定イベントがその内部での
アクションである。また、さらなる内部でのアクションを行うことで、キャン
ペーンを通してエネルギーを高い状態に保つことができ、新しい人たちにも影
響を及ぼすことができる。例えば以下のようなことである。

・楽しくて参加しやすく、キャンペーンそれ自体にはすぐ参加しない人々も
　引き込むような地域に根ざした活動を行う。
・キャンペーンをすでにあるイベントに組み込み、自分たちの課題をすでに
　そこにある優先順位や伝統とつなげる。
・人々の関心を得るため、あなたが取り組んでいる問題についての感情的な
　ストーリーをシェアする。また、人々の関心を聴く。

・人々が行うことのできる一連のアクションを続ける。小さなことから始め、少しずつ育て上げる。

外部へのアクション

　外部へのアクションとは、あなたがキャンペーンの中で築き上げたパワーが、他組織の意思決定者にあなたの求める変化を起こすよう影響を与えることである。通常、そのアクションとは、よりパワーを持っている人物にあなたとあなたの課題を認識させ、交渉ができるよう関係性を作り、やり取りをリードすることである。もし、あなたがまだ交渉のテーブルについていないなら、これから尊敬を保った対立と建設的な緊張が必要となる。それはいつも注意を払う慎重なバランスである。色々な状況がありうるが、ここではいくつかの交渉の秘訣を列挙しよう。

①近さ、ということが重要である。もしその人たちがあなたのイベントに来ないなら、あなたが相手のところ、たとえばその本部や多くの人に注目されるイベントへ行かなければならない。

②その人たちに直接働きかけられないのなら、その資金提供者や彼らが説明責任を果たさなければいけない人に働きかける。具体的には、出資者、広告主、ターゲットである有権者、役員会、規制機関、メディアなどである。

③ターゲットとなる人が最も影響を受けやすい時期を狙う。その人が人々の支援を必要としている、たとえば選挙の直前や株主年次総会、または新しい取り組みや大きなイベントを始める時である。

④個人に焦点を当てて、二択化する。誰にも責任があるが、しかし誰にも責任がないシステムに対してはアクションを起こすことができない。その時に、その課題について、決定を行うある特定の人物に焦点を当てる必要がある。曖昧な部分は許されず、その人はイエスかノーかの決断をその時に行わなければならない。

　一つずつのアクションは全体としてパワーを作り上げ、変化を起こす戦略の一部である。アクションがリアクションを起こし、それがあなたの次なるアク

ションにつながる。そのためには、前もって計画を行い、チームとして学習と適応の準備を行うのがよい。

出席者数

　アクションのうち、一つのセクションを割いて説明するのに値するものがある。それは、変化を起こすために使っているのが人々のパワーだとしたら、数（かず）が重要だということだ。ソーシャル・メディアで動員された一回きりの５万人の大衆動員について言っているのではない。ここでは定期的に参加する30人から300人の組織化された人々のことを言っている。そこでは皆が何を成し遂げるかについて合意している。もし、部屋が実質的には空だったとしたら、内部に対しても外部に対してもすべてのリアクションの見通しは暗い。これはとても単純だが、とても重要なことだ。

- ・その人がそこに来るべき理由によって、またはその人が知っている誰かから誘われているということによって、その人がそこに来るのを確実にせよ。
- ・仲間を連れてくることのできるリーダーに焦点を合わせよ。
- ・次のイベントに参加することを皆に公表するような小さめのイベントから始め、より大きなイベントに育てあげよ。
- ・イベントの会場と数については現実的になること。50人定員の部屋に60人の参加者という方が、150人定員の部屋に70人の参加者というよりもよい。
- ・イベントは楽しくて意義深いものにせよ。また、いつも時間通りに終えよ。そうでなければ次は参加してくれない。

　イスマエルと彼のチームは、50人に近い学生をクロイドン・シティズンズ・アセンブリー（Croydon Citizens Assembly）に引き連れて行った。250人にせまる人数がクールズドン・カレッジのホールに集まっていた。それは選挙のほんの２、３週間前であったが、政治家たちがその集まりに登場し、チームの提案におおよそポジティブな約束をした。区議会で労働党のグループを率いているトニー・ニューマンが、ファースト・ステップ・クロイドンの提案にイエスと言ってくれた。そのため、トニー・ニューマンがクロイドン区議会のリー

ダーになった時には、イスマエルと彼のチームは自治体の中にすでにパートナーを持つことができていたのだ。チームは、企業がファースト・ステップの計画に取り組むように、区がそのネットワークと影響力を使うことを要請した。また、計画のために区の人的資源をいくらか提供してくれるよう依頼した。

　7月のある木曜の午後、イスマエルと彼のチームは、区役所、クロイドンの20の企業、40人の若者とともにファースト・ステップを開始するために集まった。多くの若者が彼らのモチベーション、スキル、学びへの意欲を述べた。そして、区役所はその計画が職を提供するよい模範となることを話した。その後、それぞれの企業が提供する就労経験の枠（インターンシップ）の数についての約束をする、予定だった。

　それは当初かなりうまくいった。二つ、五つ、三つといった就労経験の数が約束され、100という大きな目標へ近づいていった。しかし、最後に大きな保険会社であるアリアンツ・グローバル・アシスタンス（Allianz Global Assistance）のCEOであるセージ・コーレルが立ち上がって、イスマエルをじっと見てこう言った。「これはビジネスのやり方ではない。もし、就労経験の枠を設けなければならないとしても、私は友人の子にそれを提供するだろう。申し訳ないが私は何も約束することはできない。」

　誰も予測できず、どう反応すればよいかわからなかった。イベントは続いたが、ポジティブな空気は全く消えてしまい、暗い雰囲気でイベントは終わった。イスマエルとチームは集まってくれた企業に感謝を述べて、ホールを片付け、反省のため集まった。受けた無礼に落胆や激怒するべきだとはイスマエルは思っていなかった。そうではなく、何か前向きに挑戦するべきだと思った。そして彼はそれを実行した。

　3）　リーダーは公選首長制でなくリーダー制（内閣制・委員会制）をとる議会において政治的意思決定の責務を担う。通常、議会最大党のリーダーが議会の任命を受けて自治体議会のリーダーになる。リーダー内閣制をとる場合、リーダーは内閣の議長を務める。

評　価

　評価とは、変化のために進みながら学習するキャンペーンを作ることである。何が機能し、何が機能していないかについて、理解を進める人々の集団を作ることである。

学　ぶ

　大きなイベントでも小さな集まりでも、どのアクションでも、その終わりには学びのチャンスがある。私たちは会を終える時に口頭で話すようにしている。なぜなら、思い描いていたリアクションについて、その場の感覚を確認することが目的だからだ。何がうまくいって、何を変えなければいけないか。ここで評価に共通して使えるいくつかの問いかけを挙げよう。

　　Q：人々はどのように感じただろうか。人々のパワーによって変化が起こる
　　　　なら、感情が重要になる。エネルギーと希望がどのレベルにあるかをいつ
　　　　も気にとめるようにする。なぜならそれが人々を燃え上がらせ、再び連れ
　　　　てくるものだから。

　　Q：どのようなリアクションを狙い、それに成功しただろうか。成功できな
　　　　かったのならなぜだろうか。

　　Q：私たちが学んだことは何だろうか。

　　Q：誰がよくやっただろうか。誰があまりうまくやれなかっただろうか。
　　　　人々の努力を認め、役割の遂行や、連れてくると約束した人数を連れて来
　　　　たかについて、お互いに説明責任を果たすのがこの文化である。

　　Q：次のステップは何だろうか。私たちがリアクションを引き起こすことが
　　　　できたとしたら、次のアクションのチャンスは何だろうか。

　イスマエルのストーリーの最後の段階では、評価には何があっただろう。感情はやはりとてもネガティブなものだった。「怒り」、「意気消沈」、「屈辱」などである。コーレル氏の公然とした拒否はチームを混乱させた。そのような身

内びいきが正に学生や友人がまともな職に就くことを妨げているのだと感じられた。キャンペーンのエネルギーを感じながら、同時に彼のチームの存続の危機にあたって、イスマエルはこう自分の意見を言った。「クロイドンの若者に何ができるかをコーレル氏に証明しよう。」

　次の月曜に、チームは45人を組織して、イースト・クロイドン駅の近くのアリアンツ本社の外に、きちんとしたスーツを着て、履歴書を持ち、列を作って並んだ。学生たちは履歴書を受付に渡して言った。「クロイドンの若者には才能があり、働く準備ができていることをコーレルさんに伝えたいのです。」その行動は、クロイドン・アドバタイザー（Croydon Advertiser）によってその日[4]に報道され、2時間の内にアリアンツ社から、コーレル氏が面会するという連絡があった。イスマエルとチームはアリアンツ社と、就労経験枠の提供とその学生にはロンドン生活賃金を支払うという交渉を行うことができた。

お祝いする

　お祝いすることは本当によく忘れられてしまう。私たちはいつも課題にばかり集中しており、流れに逆らって泳いでいるように感じているためである。しかし、だからなおさら、小さな成功を祝い、お互いを讃えあうべきである。関係性とモチベーションが私たちをやり通させる力になるのだから。

　イスマエルとそのチームの場合は、ピザでのお祝いだった。その後、ファースト・ステップ・クロイドンは成長し続け、クロイドンの若者に良質な初職の場を提供し続けている。イスマエル・ムソケは、2015年の総選挙に先立ってヤング・シティズンズ（Young Citizens）を率いている。そして、アリアンツ・グローバル・アシスタンス社は今や就労スキームの熱心なパートナーとなっている。

4）　クロイドンの地方紙。

第**7**章

ありえない連合と創造的な戦術

普通ではありえない連合

　この本で紹介してきたように順を追って運動しているのに、勝つことができ
ないとしたら、どうすればよいのだろう。この章は、いつもの仲間うちの範囲
を超えて、普通ではありえない連合をつくり出し、追い求めているインパクト
を得るための創造的な戦術を組み合わせることについての章である。実はバス
に乗る時にあなたはいつも、その普通ではありえない連合によるパワーの結果
を経験している。英国の15年におよぶ障がい者運動によって、1995年障害者差
別禁止法（Disability Discrimination Act）が制定された。しかし、それは一つの残
念な例外を伴っていた。移動する権利である。バス会社は、車いす利用者のた
めに乗車口を広げたり、その他の修正をすることには費用がかかりすぎるた
め、自分たちが免除されることを熱心にロビー活動していた。しかし、障がい
者運動は諦めず、同じようにアクセシビリティに関心を持つ、女性団体と連携
することにした。そう、ベビーカーである。その連合は大きなパワーをもたら
し、政府にバス会社の免除を却下させることになった。そして、今やバスは、
車椅子利用者と乳母車を押す親たちにとって乗りやすいものとなっている。

司教とビジネス

　いつもの仲間うちの範囲を超えて連合を作ることは、生活賃金運動のストー
リーの中にもある。成功のキーとなったのは、信仰に関する道徳的な力と、ビジ
ネスに関する経済的な信頼性の連合である。「司教とビジネス（Bishops and

business)」というのがステファン・オブライアンの作ったキャッチーな表現[1]だ。信仰のリーダーはこのように言う。「これは正しいことをするということです。尊厳に関することなのです。私たちの地域には給与が低すぎることで二つの仕事を掛け持ちしなければならない親たちがいます。その人たちは子どもの世話をすることができません。」ビジネスのリーダーはこのように言う。「これは責任あるビジネスに関することなのです。これは私たちの企業の理念です。生活賃金を支払うことによって、定着率、生産性、そして評価を高めることができます。」この二つの声を運動の前面で中心に置くことで、イベントや会話をとおして、私たちは生活賃金を無視できず、払いのけることが難しいものにすることができた。これをアメリカの生活賃金キャンペーンと比べてみよう。アメリカの場合はほとんど例外なく、一方には組合と地域団体、もう一方には雇用者や企業のロビー活動、その間で激論が起こって終わってしまった。このことが意味するのは、それが政治における党派的な境界線に従いがちであるということだ。民主党の政治家は生活賃金を支持し、共和党の政治家は反対するというように。共和党の政治家はこう言うことが予想できる。「これは良さそうなアイディアのようですが、私はビジネスの側の人間です。生活賃金は仕事を破壊してしまうでしょう。」

三つ目のB、ボリス・ジョンソン

　英国の運動の場合、ターニング・ポイントは、ボリス・ジョンソンが保守党の候補として2008年のロンドン市長選挙への出馬を模索している際に訪れた。前市長ケン・リビングストンの支持を得ていたことは、生活賃金キャンペーンにとって大きな前進だった。しかし、もし次の市長の支持を失ったのならすべてが脱線してしまうかもしれない。ボリス・ジョンソンは選択に直面していた（彼は1997年に最低賃金（National Minimum Wage）の導入に保守党を強く支持し、反対していたのだ）。ロンドン・シティズンズ市長選挙集会（London Citizens Mayoral

---

　1）　前シティズンズUK理事、ビジネス・イン・ザ・コミュニティ（Business in the Community）設立者。

99

Assembly）で、彼は2,000人の前で（さらにBBCロンドンとイブニング・スタンダードの前で）、公に彼の選択を披露する必要があった（それも選挙の1週間前に）。彼は生活賃金にイエスと言うのか、ノーと言うのか。ノーと言うのであれば、彼はそれが企業にとって悪いものだと言うはずだ。しかし、彼は五つの大企業とともにステージに上がり、誇らしげに生活賃金が素晴らしいもので、あらゆる点で企業の利益になると表明した。それはボリス・ジョンソンから生活賃金へのその晩の素晴らしい「イエス」だった。そして、当選後に彼はその約束を守って、生活賃金をグレーター・ロンドン・オーソリティ（Greater London Authority）[2]の役所で働く何千ものスタッフに支払い、イベントや新聞記事で生活賃金に賛意を示した。その時、イギリスの生活賃金運動は普通ではありえない連合に、三つ目のBを加えることになった。そうBishopとBusinessと「Boris」である。信仰と、トップ100に入る大企業と、保守党の著名な政治家が組み合わさっているということは、生活賃金運動が単に反貧困慈善団体、左翼政治家や組合といったいつものお仲間の関心事だと退けることができないということだ。

拡大する生活賃金認定事業者

　2014年までには、デイビッド・キャメロン首相までもが無視できないところまで、その不思議な連合は成長した。野党のリーダーであるエド・ミリバンドは、生活賃金を彼の一番の政策に掲げた。KPMG社のマイク・ケリーのサポートを得て、シティズンズUKによって設立された生活賃金財団（Living Wage Foundation）は、1,000番目まで生活賃金認定事業所を増やし、それはトップ100に入る大企業のうち4分の1を含んでいた。そして、ボリス・ジョンソンも同様に、保守党党首の候補として、生活賃金の擁護者であることを毎週報道陣の前で明らかにした。生活賃金への反対を正当化することは不可能になってきていた。そして、政府庁舎の清掃員を組織化して閣僚のデスク上に手紙を置くことによって、メディアの注目を集め、政府がリアクションをせざるをえないという状況を作ることができた。デイビッド・キャメロンと財務大臣の

　2）　ロンドンの広域自治体。

ジョージ・オズボーンが、全国生活賃金を2015年に導入した理由は正確にはわからない。私たちはオズボーンのオフィスからその発表の20分後に一つの電話を受けただけだ。しかし、それは私たちの生活賃金の運動が保守党の政府を動かし、1997年に法的な最低賃金が導入されて以来、最も大きい金額の上昇をもたらしたことへの反応だった。あなたのバックグラウンドや好み（またあなたの偏見）にもよるが、BishopとBusinessとBorisのどれかはあまり好きなものではないかもしれない（もしくはその三つ全部とも）。しかし、2017年の4月、この普通ではない連合は数百万人に賃金上昇をもたらしたのだ。このように戦略的になり現実的になってみるとするなら、あなたの運動にとっての予想外の連合相手は誰だろうか。

　さらに、これは単に運動上の戦略以上のことなのだ。もし政治というものがメディアの中でお互いをやり込めあうもので、そして私たちはそれを見てブーイングもしくは喝采を送るだけのようなものだったなら、それは人々の間の協力と信頼を作りはしない。しかし、もし、政治が人々の目的追求の場となるのなら、変化を求める実際的な要求によって、私たち皆が持つ偏見の幾ばくかは取り去られ、自分と意見が一致しない人やパワーを持つ地位にいる人も含めた他の人との間にある共通関心が探されるようになるだろう。そういう意味で、民主的ポピュリズムは分断と不信をもたらすのではなく、それらの解毒剤となるのである。

創造的な戦術

　普通でない連合と同じように、創造的な戦術を使う必要がある。「座り込み(sit-in)」というものを聞いたことがあると思う。ある運動グループが一時的に会合や建物を占拠して自分たちの物理的な存在を感じさせるというものだ。ところで、史上初の「（トイレでの）座り込み(shit-in)」を計画したのはソウル・アリンスキーであった。バスいっぱいの運動員がシカゴのオヘア空港のすべてのトイレを丸一日占拠し、何千もの空港利用者が用をたす場所がないため空港が機能停止になるというのがその計画だ。その行動は空港それ自体には関係のないものだった。シカゴ市内の貧困地域に影響を与える課題について、交渉に後

ろ向きなデイリー市長を交渉のテーブルにもう一度戻すための風変わりな試み
だったのだ。空港は市長の自慢で喜びとするものだった。そのため、混乱によ
る馬鹿げた光景が大きく報道されてあざ笑いが起これば、デイリーは耐えるこ
とができないとアリンスキーは正確に推論したのだ。実際には、脅しだけで市
長を交渉に戻すのに十分だったので、空港利用者が助かったことにその抗議運
動は実行されなかったのだが。

救世軍による女性の性的同意年齢引き上げ運動

　ここ英国にも実際に実行され、インパクトをもたらした大胆で急進的な戦術
の例がたくさんある。救世軍 (Salvation Army) が設立されたのは、ウィリア
ム・ブースとキャサリン・ブース夫妻によってである。そして彼らを怒らせた
社会的な不正義の一つが、拠点としていたロンドンのイースト・エンド (East
End) ではびこっていた児童に対する性的搾取だった。その性的搾取は1884年
当時の法的な女性の性的同意年齢が13歳だったということから可能となってい
た。その年齢を16歳にまで上げようという努力があったにもかかわらず、議会
では適切な法律の修正が行われないということが明らかになっていた。キャサ
リン・ブースと救世軍は行動することを決めた。オンラインでの署名やEメー
ルもない当時としては信じられないが、わずか2、3週間の間に25万人もの署
名が集められた。しかし、彼女らはもっとセンセーショナルな行動が必要だと
考えていた。キャサリンはペル・メル・ガゼット紙 (Pall Mall Gazette)[3] と協力
し、以前売春をしていた女性の助けを得て性産業に売るための13歳の1人の少
女を調達した。もちろん、その少女は実際には被害にあわなかった（実際には
彼女は救出され、児童施設に送られた）。しかし、ペル・メル・ガゼット紙は、救
出されなければそうなりえた子どもが性奴隷の犠牲となるプロセスの初期の出
来事について、報道した。[4]
　6人の救世軍のメンバーが誘拐容疑で逮捕と告訴をされ、そのうち2人は短

3）　ロンドンの新聞。ポール・モール・ガゼットあるいはパル・マル・ガゼット紙とも。
4）　救世軍とペル・メル・ガゼット紙が、児童の人身売買について告発するために、実際に子
　　どもを性産業に人身売買し、The Maiden Tribute of Modern Babylonとして報道した事件。

期間だが刑務所に送られた。この大胆な戦術は大衆の大きな抗議を巻き起こし、女性の性的同意の年齢を16歳に上げる刑法改正法が1885年に制定されることが急がれた。勇敢で創造的なアクションによって、今では常識で基本的な道徳であると思われることが可能になったのだ。

他の戦術

　この本ではすでにたくさんの種類の創造的なアクションや戦術を紹介してきた。モンゴメリー・バス・ボイコット、アブドゥルの株主年次総会に対するアクション、ノッティンガム・シティズンズのヘイト・クライム委員会、清掃員が閣僚のデスク上に手紙を残したアクション、さらにアリアンツ社に対してスーツと履歴書を持ってすぐに働ける状態の学生たちとともに行ったイスマエルのアクション。これらのアクションにはすべて、その課題と相手の性質に合わせ、注目を引き、リアクションを得る可能性を高める想像力に富んだセンスの良さがある。これらのアクションは集団でのパブリック・アクションというテーマのバリエーションなのである。努力と組織を作る高いスキルは必要ではあるが、多くの人に手の届かない高度なテクノロジー、金銭、専門的知識は必要ではない。

　では、別の戦術はどうだろうか。たとえば、法的な専門的知識と法廷におけるパワーはどうだろう。オンラインでのキャンペーンによるスピードや広がり、映画による莫大な観客数と感情的な揺さぶりについてはどうだろう。この章の残りの部分はこれらの戦術について、印象的な具体例を挙げ、この分野の専門家の話を引用しながら、考えていこう。最大のインパクトを残すためには、人々のパワーを作りあげ、たくさんの異なった種類の戦術のよい部分を組み合わせ、洗練されたキャンペーン戦略を作る必要がある。また、このようなアプローチでキャンペーンの早い段階で専門家を集める必要がある。

法的な訴訟（政府に大気汚染の削減目標を守らせる）

　政府に対して戦略的な訴訟を起こし、大気汚染に取り組む法的義務に従うよ

うにさせたクライアント・アース（Client Earth）⁵⁾の活動に私は勇気づけられている。CEOで設立者のジェームズ・ソーントンは大気汚染に焦点を当てることを選んだ。それはその課題に勝利することが、人々の健康に大きなインパクトをもたらすからである。同時に、そのことは戦略的な訴訟の可能性を証明し、環境活動家たちがその方法を使うことを増やした。

それは2009年にクライアント・アースが英国政府に一つの手紙を（礼儀正しく）書いた時にさかのぼる。2010年までに二酸化窒素（NO_2）汚染を安全なレベルまで減らすという法的義務を、政府がどのように果たすのかを尋ねる手紙だった。その課題は重要なものだった。危険なレベルの二酸化窒素の高さが、英国で年推計4万人もの人々が早死にしてしまうことに関係している。しかし、政府は法的義務を果たすつもりがなく、最終期限を2025年までに延長して逃げようとしていることが明らかになった。クライアント・アースは政府に対して法的措置をとった。政府がどうこう言って何度も責任を逃れようとするたびに、クライアント・アースの法律家チームは高等法院、控訴院と最高裁で勝訴した。

最高裁で行われたパワー・ダイナミクスは目を見張るものだった――二酸化窒素レベルを下げる計画の公表はその時点でもすでに5年遅れていたのだが――。ジェームズ・ソーントンはそこで起きたことを以下のように表現している。

　　最高裁で政府側は立ち上がってこう言いました。「政府にこの法律にできるだけ早く従うという意思は全くありません。」これは政府が法律を破ってきたことを認めているということにもかかわらずです。政府側が言うには、政府が法律違反をしたとは必ずしも言えないということでした。というのは、いつかの時点では、大気汚染についての新しい計画を作るつもりであったためということです。裁判所が政府に新しい計画を作成させ、その実行の明確なタイムテーブルを設けさせる命令をすることを私たちは主張しました。自分の法律に従わない政府というものはありえません。そうでないなら、法の下の民主主義ではないですから。言うまでもなく、最高裁は私たち

<hr>

5）　英国の法律家を中心とした環境保護をミッションとするチャリティ団体。https://www.clientearth.org/

　の方を支持し、政府に法律に従うよう、そして異例なことですが、もしその
　計画が不十分なものだった場合は裁判所にすぐに差し戻すよう私たちに許可
　を与えました。そうです。私たちは実行し、勝利したのです。

　戦略的な訴訟の特別な貢献をこの例は示している。もし勝つことができれ
ば、法律の強力な力によって、とても強力で頑強な敵対者でさえも従わせるこ
とができるのである。
　2017年の４月、政府は次の総選挙があることを、裁判所に要求されたスケ
ジュールで新計画を出せない言い訳とした。しかし、今ではついに実行されて
いる（二酸化窒素のレベルが下げられる当初の年から７年遅れてではあるが）。クライ
アント・アースや他団体は、その計画の中身について議論し、政府をさらに前
進させるよう努力している。開始当初からのロビーイングやメディア・キャン
ペーンも含んではいたが、法的な申し立てによってそのキャンペーンは広がっ
たのだ。圧力を大きくするため、クライアント・アースは現場の人々のパワー
を変化のための戦略につけくわえ、慈善団体、学校、そして自転車に乗るサイ
クリスト団体などと連携を築いてきた。この組み合わせの多面的なアプローチ
が成果を上げている。ジェームズはキャンペーンを立ち上げつつある人に対し
て、このようなアドバイスをくれている。「戦略的な訴訟から始めてはいけま
せんが、法を使うことを考え始めてください。法律家の専門知識を得て、戦略
的な訴訟のチャンスを見つけるために、キャンペーンを発展させていく際に彼
らを巻き込むことができれば、どれだけ素晴らしいでしょう。」

映画やデジタル・メディア（ヴィルンガという映画による国立公園保護の例）
　このように、戦略的な訴訟は一旦法的な義務が生じれば、変化を強制するこ
とができるという強力な戦術である。ただし、それはキャンペーンのその段階
でしか使えない。その課題がまだあまりよくわかっていなかったり、法律に当
てはめるのに遠く離れているのなら、その時は映画やデジタル・メディアが、
多くの人々に届き、物語を通じて注目と共感を高める強力なツールになる。実
際に物語としても私を感動させ、社会変革のための戦略としても私に印象を残

している例がある。それはグレイン・メディア（Grain Media）とバイオレット・フィルムズ（Violet Films）によるヴィルンガ（Virunga[6]）という表彰を受けた映画である。そのドキュメンタリーはコンゴのヴィルンガ国立公園と、敵に包囲されたパーク・レンジャーの小さなチームについての映画である。パーク・レンジャーたちは、地域の民兵による脅威と、国立公園の石油に関心を持つ多国籍企業のパワーから、その美しいエリア（そこはUNESCO世界遺産で希少なマウンテン・ゴリラの生息地である）を守っている。映画は美しく、人の心を魅了するもので、純粋に素晴らしい映画なので、まだもしあなたが見ていないのならぜひ見ることをお勧めしたい。しかし同時に、それは観客をアクションに移させる方法という意味でも素晴らしい。映画の終わりまでに、あなたはこのとても遠い世界と不正義の物語に引き入れられ、何かをしなければならないが、どうすればよいのだろうと考えるようになる。そして今回ばかりは、変化を起こすためにできるよう思えることがいくつかある。そこにはアクションへの呼びかけやウェブサイトがあり、石油会社SOCOとその協力者による不正と、公園内で行われている違法行為をやめさせるキャンペーン戦略がある。

　何十年もの間、映画製作者は不正に対しての注目を集め、人々や政策決定者の関心を高める社会的な意図を持って映画を作ってきた。しかし、大衆の一回きりの抗議運動が注目を集めはするが、変化のための戦略を欠いているのと同じように、単に民主主義の関心を高めることだけではインパクトを残せる見込みは低い。ジョアンナ・ナタセガラはバイオレット・フィルムズの設立者で、ヴィルンガとホワイト・ヘルメッツ（The White Helmets）で表彰されたプロデューサーだが、こう説明している。「さらなるインパクトについて考えている人が誰もいない時に、映画がなしうるのが関心を高めるということです。」彼女は、映画を特定の社会変化の目的のためのツールとするインパクト・プロデューシング（impact-producing）の重要性が高まっていると言う。以前の章で取り上げた「リアクションを引き出すアクション」ということと、このことは対応する。成し遂げたいと思うリアクションから考え始めて、それに従うアク

6）　ヴィルンガの詳細については映画のホームページを参照（https://virungamovie.com）。

ションを計画して、決断する。インパクトを生み出す人も、目的と変化の流れから考え始め、それからそれを成し遂げるための複数の段階のキャンペーン戦略を計画する。映画はその一部である。

　ジョアンナはヴィルンガを制作した際の戦略の三つの目的を整理してくれた。一つ目は、人々に国立公園で起きていることに気づかせることである。二つ目は、石油会社に国立公園内の違法行為をやめさせることである。三つ目は、国立公園の周囲に長期間の平和と繁栄の機会を実現することである。ヴィルンガのように映画が成功すれば、大変な数の観客（それは1億人の世界的なサブスクリプションを持つネットフリックスで公開されている）の関心を高めることができる。しかし、関心はそれだけでは二つ目の目的を達成することはできない。そのため、チームは企業や株主の関与、また映画に伴う戦略的な法的訴訟を含め、映画によって集まった関心に押し上げられる手の込んだキャンペーンを発展させる。「映画は重要な瞬間というものを作ります。」とジョアンナは言う。「あなたはリリースをする時期を選ぶことができ、映画が作る人々の関心の中心がどこか知ることができます。そして、その周辺で関連する他の戦術の全てを一気に畳み掛けることができます。」彼女たちは九つの議会でヴィルンガを放映し、影響力を持つ政治家たちや投資家たちにショックを与えた。そしてそれは機能した。2014年にSOCOはヴィルンガ国立公園と他のすべてのUNESCO世界遺産での活動をやめることを宣言した。

　目的の三つ目はもちろん長期的な勝負なので、地元の経済的な発展のためにチームは現在も努力している。しかし、ここでも映画によるある遺産とその大きな影響力がはっきりわかる。将来他のどの石油会社もそこに入るのが難しくなるよう、国立公園の名前から映画の名前を取ったという意図的な決定がそれである。今や誰もがヴィルンガという名前を知っているためにそれが可能となっている。キャンペーンを作る人たちへのジョアンナからのアドバイスは、ジェームズ・ソーントンによる当初から多種の専門家を仲間に得るべきだという意見と正に一致している。「あなたの課題やあなたのストーリーについて、映画製作者など物語を作ることのできる人たちにアクセスすべきです。自身で映画を作ったり、挑戦しようなどとは思わないでください。質の悪い運動映画

はもうたくさんありますから。得意な人々を見つけて巻き込むようにしてください。」

デジタル技術の活用（シリア難民支援の例）

　最後にデジタル技術の力について触れたいと思う。一つの的確な例として、ある映像によって何千人もが心を揺さぶられ、すぐに支援を行いたいということがあった場合に、その急速な関心の高まりを引きつける最善でおそらく唯一の方法は、オンライン上の署名など、少なくとも初期にはデジタルの手段による行動を促すことだろう。2015年の9月に私たちはそのような経験をした。アイラン・クルディ[7]という1人のシリア人の子どもの遺体が浜辺に打ち上げられ、そのショッキングな画像がソーシャル・メディアや新聞の一面で世界中に知られることになった。私たちの心に直接訴えかけ、そして最も深い意味で皆の意識が揺さぶられた瞬間だった。それはもはやニュースや政治の話ではなく、人間らしさとは何かという話だった。私はその晩のアル・ジャジーラ[8]での英国政府の難民危機対応についてのニュースに出演したが、出演直前に話したメイク係の人の言葉がこのことをよく表している。「私はこれまでそれ（シリアでの戦争と難民危機）についてあまり考えてきませんでした。この写真を見るまでは。しかし、私にも3歳の子どもがいます。あの子は私の息子であったのかもしれないのです。」

　人々の間で突如として、何かをしたいという欲求が高まり、アバーズ（Avaaz）と38ディグリーズ（38 Degrees）というデジタルのキャンペーン・グループと協力し、シティズンズUKは2、3週間のうちに国中から何万もの力を貸したいという援助者を得ることができた。38ディグリーズの役員であるデイビッド・バブスは、デジタルの際立った貢献について、以下のようにシンプルに表現してくれた。「スピードとスケールです。」これは、運動家が人々の突然の関心の高まりに反応する時だけでなく、人々が政治家に関係する時におい

7）　アラン・クルディ、あるいはアイラン・クルディ（原文ではAylan Kurdi）。
8）　カタールを拠点とするテレビ局。

ても当てはまる。「この50年以上、政治は24時間のニュース・サイクルによってスピード・アップしてきました。これは意思決定がこれまで以上に早く、メディアや政治家だけの議論の中で行われていることを意味しています」と彼は説明している。「38ディグリーズは政治サイクルの速度に追いつくパワーを、人々にもたらすのです。」

　政治家とジャーナリスト間の議論だけがバブルのように増加することで、人々が政治で意味のある役割を果たすのではなく、単にスポーツの観客のようとなってしまう感覚が広がっている。それだけにこの言葉は非常に印象深い。

オンラインでの参加者をいかに運動に巻き込むか

　もう一つのインパクトの例は、38ディグリーズの2011年の運動である。それは英国の森林の私有化を止めるためのもので、50万人が署名し、10万人が自身の地域の国会議員にEメールを送り、より広範な反対を示すクラウド・ファンディングによるアンケート調査を含んでいた。このような大人数の急速な動員は政府を恐れさせ、森林売却の計画は破棄された。しかし、デイビッドはその限界についても自覚的である。「インターネットが政治的な問題を解決してくれるというテクノ楽観主義の時代は終わりました。ソーシャル・メディアは、それ自体が酷いもの、自己言及的で、二極化するものにもなりうることがわかってきています。また、デジタルが新しくて、国会議員にショックを与えることができたのは、私たちの運動の初期のごく短い期間においてだけでした。今やそうではありません。署名だけではうまくいかないことが多いのです。」

　デイビッドは38ディグリーズの将来をこのように見ている。「私たちが行おうとしている主なことは、初めはデジタルで巻き込まれた人々を、実際の世界に集結させる新しい方法を切り開いて見つけることです。」くわえて、デジタルではそれ以前なら運動にそれほど関与しなかったであろう人々をつなげることができる機会がある。また、ある課題をサポートするためにクリックをするという簡単な最初のステップが、より深い関与をもたらす事もある。はじめはオンラインで加わった人々の間に、実世界での関係性を作ろうとするなら、政治的な活動と共に、より関係性を指向した活動が重要となる。「大規模な公園

清掃活動や夏のピクニックを私たちは行っています。」デイビッドは続けてこう言う。「その素敵なコミュニティ活動によって、たくさんの人々の関与を得ることができ、そのことで国立公園の予想される予算減少に対する闘いを準備することができます。」

シティズンズUKの難民ウェルカム・キャンペーン

　これはシティズンズUKが難民ウェルカム・キャンペーンで行ったアプローチと正に同じである。それは、アイラン・クルディの写真の直後に始められた。その大衆の抗議が起きた時、私たちは、当初はオンラインで関わり始めた何万もの人々の大規模なサポートを基盤に活動を始めた。そして、このサポートを得て、私たちはより政治的な運動やフレンドリーなコミュニティ活動を組み合わせて実際の地域的関与を促進するキャンペーンに、シフトした。決定的なこととして、シティズンズUKはその写真が見出しを飾る以前からも約18ヶ月の間、すでにキャンペーンを行っており、考え抜かれたキャンペーン課題と戦略を持っていた。私たちは、紛争地から主に家族を呼び寄せる脆弱な人々の再定住スキーム（VPRS：Vulnerable Persons Resettlement Scheme）によるシリア難民の定住者数を、これまで定住した200人から1,500人まで高める目標を設定して、運動を行っていた。これは大きな問題から分けられた控えめで勝利可能と計算された課題であった。しかし、その写真が公表された夜までに、シティズンズUKはパワー分析の状況が大きく変わったことを見て、新しい目標として、VPRSでの再定住を2万人まで求めることを設定した。私たちには取り組む課題があり、地域の活動家たちが関わることのできる戦略もあった。それは、人々が地方自治体にVPRSの登録をするよう訴えることである。単にニュースレターを読んだり、お金を寄付するだけというデジタルによる関与だけでなく、人々がより大きな役割を果たせることがあることがこの例からわかる。

難民支援チームを組織する

　オンラインで私たちのキャンペーンに登録した何十万もの人々から、勢いと才能がある人を見つける必要があった。実際に地域でのグループを組織して、

難民たちをVPRSに登録させるよう地方自治体に圧力をかけることのできる人である。まずは、オンラインで自身で回答する質問をし、それから電話による面談と一対一の対話を行って、難民ウェルカム（Refugees Welcome）の地域コーディネーターとなることを本当に望んでいる人をおよそ70人見つけることができた。2015年の12月、その人たちを集め、チームの作り方、パワー分析、一対一の対話、キャンペーンとサービス供給の間のバランスについてのトレーニングを行った。多くの人の当初の希望が地元議員に対するロビー活動ではないことを私たちはわかっていた。そうではなく、苦しんでいる人々へ思いやりを提供することが参加者の望んでいることである。そのため、私たちはパワーや政治への戦略という他にも、実際に英国に難民が来た際の受け入れ準備についての方法もそこに含むようにした。

　このことから生まれたおそらく最も印象深いチームは、バーニー・ハウリーに率いられたバース（Bath）の難民ウェルカム・グループである。バーニーはそれ以前には政治的なことには全く参加したことがなかった。しかし、彼女はトレーニングに参加し、バースのグループをコーディネートすることを志願して、素晴らしいチームを作った。週ごとに脆弱な難民の家族が難民キャンプに押し込められたり、危険な海峡渡航を余儀なくされているという時間的なプレッシャーがあることを知りつつ、そのチームは再定住スキームについてバースの自治体に要求し、地域コミュニティに難民の受け入れを準備するよう促した。ある小学校では、新しく到着する家族へすぐに渡せるよう、子どもたちがウェルカム・カードを書いた。2016年の2月には、11ヶ月の赤ちゃんを抱えた難民家族が到着したが、その赤ちゃんは家族が滞在していた難民キャンプでは不可能な緊急の医療処置を必要としていた。家族は滑走路から直接病院に移送され、その赤ちゃんは生き延びることができた。バーニーと、そして不幸にして安全へと行き着くことのできなかった別の子の悲劇的な写真に行動へと動かされた何千もの人々の努力によって。

　地域的な組織、デジタル技術、ロビーイング、映画とメディア作品、そして幅広い協力者、これらの組み合わせによって、シリア難民に対するVPRSの2万人の目標が受け入れられた。そして、その連合は現在、より幅広く、脆弱な

状況にある子どもたちを含めることと、2022年までそのスキームを延長することを求めている。

第**8**章

時間を生み出す

　先に結末を読むことは、読書としては望ましくないやり方である（誰も時折やるものだが）。それは、筋書きの最後に用意されたどんでん返しを台無しにする、後悔を伴う誘惑でもある。しかし、この本に関しては、私は忙しい皆さんが結論を急ぐ気持ちはよくわかるので、むしろこのやり方をお勧めしたい。実際、ここまで読んできて、こう考えない人がいたらむしろ驚きである。「素晴らしいことかもしれないが非現実的だよ。確かに私は社会に対して怒っていて、これを変えたいと思っているが、ここに書かれていることを実行する時間がどこにあるだろう。私がどれだけ忙しいかわかっているのか。」

　なるほど、私はあなたがどれだけ忙しいか知らない。しかし、この国では忙しくさせているのは自分自身だということは知っている。仕事、通勤、家事等の合間に、スマートフォンを85回もチェックしたり、1日平均3時間もテレビを見たりしているのだから（これらはイギリス人の最近の平均値）。しかし、この本の読者の皆さんはそんなにテレビを見ていないだろうし、もし時間があっても見たいとは思わないだろう。なぜなら、皆さんは仕事や勉強、友人や家族、そして皆さんが関わっているコミュニティのことで、本当に忙しいはずだからである。

　そう、私たちが必要としているのは、皆さんのような多忙な人々である。仕事やコミュニティ活動に没頭し、他者のために余分な距離を車で走る人たち。このような人々こそ、熱い心と他者との関係性によって世界を変える担い手なのである。そして私は、皆さんが今の活動に満足していないことも知っている。もっと活動したくてむずむずしていたり、もっと社会にインパクトを与えたいと思ったりしているだろう。なぜなら、それが皆さんがこの本を読んでい

る動機のはずだからである。

　では、皆さんはこの本に書かれていることを実行するために、他のことをしながらどのように時間を生み出せばよいだろうか。大義や方法論があっても、それを追求するための時間がなければ意味がない。そこで私は皆さんに時間を生み出すための七つの方法をお伝えしよう。このうちあるものはこれまでの要約であり（この本が終わりに近づいているため）、あるものは今回初めて述べる。そして、そのほとんどはこれらを私に教えてくれた他の人の功績である。

方法1　自分自身を大切にする

　最もしてはならないことは、すべてをやろうとして、最後に燃え尽きてしまうことである。世界をより良く変えていこうとする人は、最も大切なことを無視する傾向がある。それは自分自身の健康と幸福である。友人のアモルは、たとえ話の名手で、人生をガスレンジにたとえている。

　10代〜20代前半は、「友人」[1]コンロを最大火力にし、「仕事」[2]コンロはレベル5程度にする。20代後半になると、キャリア形成を目指して「仕事」コンロの火力を6、7、8と上げていき、また「関係性」コンロもレベル4、5、6と上げていく。「友人」コンロは最高のままにしておきたいものの、突然親が病気になったり、自分の子どもができたりして、「家族」コンロの火が消えそうなくらいのレベル1まで落ちていたことに気づき、急いで「家族」コンロをレベル6か7まで上昇させ、その代わり「友人」コンロをレベル3に下げる。30〜40代になると、これら4つのコンロ（「仕事」「関係性」「友人」「家族」）すべてを可能な限り高く維持し続けようとする。しかし、そのうち突然4台とも、ガタガタ危険な兆候を示し始める。その時になってあなたは、これまで最も大切なものを当然のように使ってきたことに気づくのである。ガスレンジ。それはあなた自身である。あなた自身の健康である。すべてはそ

1）　「友人と楽しく過ごす」という意味。
2）　「仕事」は学生時代の学校も含む。
3）　このたとえ話では、コンロの火力レベルは1〜10とされている。

の上に成り立っている。決して燃え尽きてはいけない。

　私はこのたとえ話が好きだ。私の家では、料理はほぼすべて私がしているので（私は聖人ではないので掃除はほとんどしないが）、このたとえ話から多くのことを考えさせられる。

　ところで、あなたのリラックス法は何だろう。読書、森の散歩、あるいは仲間とのパブでの一杯か。いずれにしても、リラックスにも時間が必要である。友人のテッサ・ジョウェルは、シティズンズUKの研修会で、これについてすばらしく洞察力に富んだ2つの話をしてくれた（以後私はずっとこれを参考にしている）。第一に、何らかの献身的な活動をしている人がリラックスするためには、まずリラックスする自分を許すことが重要である。2時間を自分のために使う時、それが許されることを納得できるよう、自分が行っているよい活動のことを思い出すようにしよう。第二に、私たちは公的な生活において自分が思うほど不可欠の存在ではなく、逆に私的な生活においては自分が思っている以上に不可欠の存在であることを認識することである。この実践的な知恵は、経験に由来するものだ。誰か他の人がキャンペーンを仕切ることはできるが、あなたの子どもの学芸会に誰もあなたに代わって行くことはできない。私は、社会を変えるということを、自分自身より上位に置くことをお勧めしない。自己犠牲は必要ない。必要なのはより多くの戦略である。

方法2　自分が本当に重視することを見極める
　すぐれた着想で社会変革を起こしてきた人のほとんどは、何らかの当事者的なモチベーションを持っている。自分自身の体験、愛する人の苦しみ、自分が真に必要としていることなど。あなたは週に10件の社会課題への要望をインターネット上で見るかもしれない。見るだけなら1件1秒ですむが、もしどれかの課題を解決するために持続的に関わろうとするならば、あなた自身にとって本当に重要なこと（あなたのルーツ、あなたの価値観、あなたにとって最も重要な人々や大義など）と結びついていなければならない。

あなた自身を中心に描いた「スティック・パーソン」[4]に戻ろう。あなたにとって大切なものは何だろうか。少し時間をかけて考えてほしい。あなたにとって最も重要なものは何だろうか。あなたが何かに関わり、何らかの変化を起こしたのだと子どもたちに伝える時、どのような価値観を持つ人物として知られたいだろうか。

方法3　惰性でやっている仕事はやめ、他の誰かに任せる

　何が本当に重要かを考えることは、逆に、何が重要でないかを考えることでもある。あなたは何をそぎ落とすことができるだろうか。陰鬱になる必要はない。いつか私たちは死ぬのだということを再認識するだけだ。

　時間は貴重である。それなのに、これまで惰性でやってきたことに浪費されてしまっている。私たちは習慣の生き物であり、また誰かを傷つけたくないとも思っているが、これまで何年もやってきた意味のない会議——映画「グラウンドホッグ・デー (Groundhog Day)[5]」のワン・シーンのような、しかも愉快なビル・マーレイがいない会議——は直ちにやめよう。その時間は、変化を生み出し、よりよい未来をつくるダイナミックな人たちやエキサイティングな組織と活動するために使われなければならない。テレビのニュースを見る側から、ニュースになる側にまわる時だ。

　あなたの手帳を見て、以下の基準に合致するものがないか探してみよう。

　a）長い間続けてきたことだからやっていること

　b）チャンスというよりタスクと感じられること

　c）エネルギーを与えてくれず、むしろ消耗させられること

4）　本書48ページ参照。

5）　1993年に製作されたビル・マーレイ主演のアメリカ映画。日本語タイトルは「恋はデ・ジャブ」。超常現象によって閉じた時間の中に取り残され、田舎町の退屈な祭事の日を際限なく繰り返すことになった男性が、己の高慢で自己中心的な性格を改めて恋を成就させるまでを描く。（参考：ウィキペディア「恋はデ・ジャブ」より）https://ja.wikipedia.org/wiki/%E6%81%8B%E3%81%AF%E3%83%87%E3%82%B8%E3%83%A3%E3%83%BB%E3%83%96

　さあ、このルールに従って、家のガラクタを捨てるような無慈悲さで取り組んでほしい。これをやめたらどうなるか。何かよくないことが起きるだろうか。改めて思い出してほしい。あなたは自分が思うほど組織にとって必要不可欠ではないのだ。

　もし簡単にやめられないのなら、その仕事は他の誰かに任せよう。自分のルーティン業務は、誰に任せるのがいいだろうか。これまであなたがやってきた仕事を引き継ぐ人を探すのに2時間費やせば、うまく回り始めれば1年に40時間も浮いてくるのだ。

　権限の移譲を妨げていることの一つは、自分が忙しすぎると思っていることである。代わりにやってくれる人を探し、彼らができるようになるまでサポートする時間などないと思い込んでいる。それは悪循環である。時間のプレッシャーを感じれば感じるほど、他者を巻き込みにくくなり、結局自分の仕事が増えることになる。

　これに対するシンプルな対策は、あなたの「仕事リスト」を変えることしかない。二つの欄を作ろう。一つにはあなたの現在の仕事リスト、もう一つには何らかのサポートをすればやれそうな人のリスト。こうして、あなたの仕事の見直しに着手する前に、移譲できそうな人を15分程度であげておこう。

方法4　社会を変えるための活動を日常の中に織り込む

　私たちは他者との関係を通じてパワーを持つことができる。したがって、社会を変える活動は、私たちが普段からよく知っていてつながりやすい人々や組織（近隣の人々やコミュニティ組織、所属団体、職場など）と共に始めるのが最も実現可能性が高い。私たちは普段からこれらの人々や組織と時間を共有しているから、関係づくりが最も容易であり、それに伴って社会を変える可能性も最大限に高まるのである。

　新たな取組みの必要はない。自分たちが関わっているネットワークをマッピングすれば、そこにパワーと変化のポテンシャルがある。ここから一対一の対話やヒアリングやリーダー探しをすることで可能性の扉が開く。特別のイベントも必要ないし、超人的な能力も、聖人のような人間性も必要ない。ただ日常

の中に、持続可能な方法で活動を織り込めばよい。

方法5　チームの一員として活動する

　日々の生活では想定外のことが起こるものである。スマートフォンが盗まれ、写真はもちろん、スケジュール表が失われたことを気にしながら、あなたは必死になって新しいのと取り換えなければならない（これは私がこの本を書いている間に実際に起こったことである）。あなたの子どもが保育園で他の子どもに顔をかみつかれ、あなたは会議をキャンセルして早く迎えに行かなければならない（これも実際に起こったことである）。著作の最終段階でパソコンに水をこぼしてしまい、自分ではできないので親族に頼んで、ペンチでパソコンをこじ開けてハードドライブにアクセスし、ファイルを保存しなければならない。そんなことが起こった時、他の人に頼れるようにしておくことが必要である。1人ですべてやることなど土台無理なのだから。

　あなたのチームのメンバーへの投資に時間をかけることは、いい時間の使い方である。なぜなら彼らは、あなたを支え、いざという時に援護してくれるようになるからだ。変化を起こすにはしばしば数年間かかる。その間にあなたが退き、他の人があなたから引き継ぐこともあるだろう。したがって、あなたもチームの一員という捉え方が必要なのだ。活動はリーダーの世代を超えて継続しうるものなのである。

方法6　戦略的な計画作成に時間と金をかける

　大企業は戦略づくりが得意である。彼らは何百万ポンドを研究開発に注ぎ込む。そして2年間、5年間、20年間の戦略計画を策定する。これらの企業はあなたのための計画も立ててくれる。今後あなたは何を買うようになるか、オンラインで何を見るようになるか、これからの10年であなたの地域はどうなるのかなど。

　しかし、コミュニティは研究開発に時間と金をかけているだろうか。どれだけの教会や学校や近隣組織が、より広い世界へ影響力を持つための計画はおろか、自分の組織の10年計画を持っているだろうか。あなたやあなたの隣人たち

は、その近隣地区のプランを作っているだろうか。あなたには、あなた自身の計画があるだろうか。ないとすれば、それは大企業など他の人々があなたの代わりに計画を作っているからだろう。

方法7　スケジュールを管理する

　もし、あなたが組織のオンラインスケジュール表を埋めなければ、誰か他の人が埋めてしまうだろう。だから、あなたは自分のスケジュールをスクリーン上にアップしておくべきだ。このような毎日、毎週、毎月のスケジュールは、あなたの人生であると同時に、あなたがこうありたいと思う自分になり、変化を生み出すチャンスでもある。したがって、あなたのスケジュールを自分で管理し、真剣に（真剣になりすぎることはないが）、あなた自身、他の人々、社会のために、本当に必要なものは何か考える機会としよう。

　社会の変化を生み出すことが仕事の一部であったり、仕事に統合されたりしている人々もいる。しかしそんな場合でなくても時間はある。1週間は168時間あるが、これを分解してみよう。

1	睡眠時間	49時間
2	娯楽、家族や友人との時間	40時間
3	仕事と通勤時間	50時間
4	諸用と家事の時間	15時間
	合計	154時間

　これで1週間に14時間残る。この時間をあなたが問題の原因だと考えていることや、あなたが怒ったことに充てよう。一対一の対話と、社会変革へのアクションに時間を使おう。その積み重ねが世界を変えるのだから。

第**9**章

鉄　　則

鉄則「自分でできることをしてあげてはならない」

　広められる必要があるコミュニティ・オーガナイジングの方法には、もう一つの原則がある。私にとってそれは最も挑戦的であるが、最も根本的で重要なものでもある。それを避けることはできない。それは「鉄則」とも呼ばれている。

　自分でできることをしてあげてはならない。

　この鉄則は他の人のために最善なことは何か知っていると主張するまじめな慈善家を暴き出し、リベラルの立場から実際には知りもしないで貧困の状況を憂えることを軽蔑する。この鉄則は私たちを慈善よりも正義へ、サービスの提供よりもオーガナイジングへ、そして、人々の間でリーダーシップや民主主義のスキルを開発することにだけ焦点化することへと押し進めるのだ。

　この鉄則に従うことは難しいし、それを採用することは居心地がよくない。鉄則であるかもしれないが、自分が毎日それを破っているのを自覚している。たいていの場合、他の人自身で行うように支援するよりも自分でやってしまった方が（短期的には）早いからだ。時には人々の能力を過小評価して、実際には彼らは十分に能力を持っていようとも私は自分でやってしまおうと思うのだ。正直にいえば、ときおりヒーローになりたいと思っているのだ。しかし、どんな理由であれ、鉄則を破ることで私はあまりにも多忙になるし、他の人も成長しなくなり、責任を持たなくなる。鉄則に従おうとすることは人々ができることやできないことについての一定の合意を引き出し、人々の能力へのより強固な信念や動機へのより深い信頼に私たちを押し進めるのだ。

　ソウル・アリンスキーの言動の多くと同様に、この鉄則は創造的な緊張と反

応を刺激するように考えられている。お金もパワーもほとんど持たない人々が自分たちはいつも「させられている」と感じているという事実、自分たちの生活やコミュニティについての決定が他の場所で行われたり、支援しようといっている人たちによってさえなされているという事実に対して、対抗する力を鉄則はもたらす。こうした無力化によって、不信、無気力、非難の感覚、そして、分断のポピュリズムが拡大する状況が生み出される。反対に、鉄則は、人々が自ら望む変化の創り手となることを私たちに要求するのであって、そうした変化は人々の間に自信、主体性、協働を生み出すのだ。政治文化を活性化させるという議論を補強し、人々による人々のための新しいポピュリズムへと押し進める。鉄則の含意は、世界をよりよい場所としたい個人にとって、慈善から正義へと移行するというニーズにとって、人々を支援することを目指す組織にとってラディカルで広範に及ぶものなのである。

他の人の能力を高める

　私の個人の日常生活の話になるが、2歳の息子はトイレ・トレーニングを始めようとしている。その時、私には選択肢がある。特に好きだとは思っていないが、さっさと処理できるおむつ替えを続けるのがよいか、思い切っておむつをとってしまってよいのか。彼はおむつなしでも大丈夫だろうか。それはわからない。カーペットをうんちで汚すだろうか。きっと、そうだろう。しばらく時間がかかるかもしれないし、汚れるかもしれないが、彼自身でできることを私がしないようにしないかぎり、彼が25歳になっても私は彼のおむつを替えているかもしれない。だから、誰にとってもよいことではない。

　この世界をよりよくしたいと思っている個人は常に、他の人々のために何かをしている。もし他の人たちが真に望んでいるけれどもできないことであるならば、それはよいことだ。しかし、彼らができることであるとしたらそれはよくないことだ。別の言い方をすれば、私たちは支援しようと考えているけれども、実際には他の人たちが私たちに依存しつづけ、彼らが学ぶことを妨げ、私たちはストレスで疲れ、忙しくなっているだけなのだ。鉄則が意味しているのは、人々に任せること、人々を自由にすること、人々が自分でするように促す

こと、そして、重要なのは他の人たちの能力とリーダーシップを育てることに自分たちの努力を集中することなのだ。

　この本で述べてきた話には、いくつかの誤解を生むところがある。皆が協力し努力した本当のストーリーよりも、１人のヒーローやヒロインを中心に置きがちなストーリーを序章で紹介したことも同様に単純化している難点がある。ローザ・パークス、アブドゥル・ドゥラーン、イスマエル・ムソケ、ケイティ・ロハス、バーニー・ハウリーなどは、彼ら一人一人が素晴らしいのではなく、他の人たちと一緒になって、アクションを起こすように彼らが促し、支援したのである。社会を変えるために人々のパワーを強めたいと思う私たちにとって、どのように他の人の能力を高めるのかということが、自分自身に価値があるということを高らかに宣言することよりも重要である。一回だけ活動に参加しても、人々が学び、成長することはできない。実は、少しずつ改善するために協働することによって、キャンペーンを通じて自分自身や他の人たちのスキルやリーダーシップを高めることが焦点化されうるのである。

鉄則の意味するもの

　鉄則は、私たちが目指すような変化とアジェンダを作る人にとっても大きな意味がある。当事者がそれを解決していく際の正に中心にいるようにしなければならないことを意味している。私の経験では、そこで最も単純で最もラディカルなアイデアが生まれるのだ。生活賃金キャンペーンの最初の頃、「慈善ではなく正義を！」というスローガンを掲げていた。その理由は三つある。第一に、ワーキング・プアの状態にある清掃員が、自分たちが欲しいのは施しではなく、職業を通じて生活と尊厳を保てるだけ支払ってもらうことだといっていたからである。第二に、生活賃金を支払うことを要求している時に、きらびやかなCSRの実績に注意を向けさせることで対応しようとしたカナリー・ウォーフの大銀行へのメッセージであったからである。その実績で、銀行家たちは、チームを作って、日々学校の壁を塗ったり、木を植たり、地域の慈善に寄付したことなどを公表していた。日夜オフィスを清掃し、食べていくために、ただ、家族を養うには十分ではない賃金で働いている数多くの人々に対す

る不正に対応しないことの免罪符として慈善は使われたのだ。

　最後に、コミュニティ自身へのメッセージだったからである。教会は炊き出しに、学校は朝食クラブ[1]に奔走していた。そして、彼らは少しの間食料を提供することをやめて、なぜ人々がそこにいるのかを問うたが、彼らは怠惰ではなく、仕事が見つからないわけでもないという答えだった。彼らの多くは働いているが、十分な報酬を得ていないということだった。フルタイムで働きながら、暖を取ることと食べることのいずれかを選択しなければならなかった。対症療法よりも構造的な変化が求められる状況なのである。私が考えているのは、複数のシフトで働き、複数の子どもを持ち、地下鉄の料金が払えないので通勤バスに長く乗ることといった、とてつもなく信じられないようなスケジュールをマネージメントしている、私が出会った低賃金の清掃員たちのことである。彼らのスケジュール帳はチーフエグゼクティブのものとは全く異なっているし、彼らを助ける個人秘書もいないのだ。その上、彼らは仕事に10分遅れると、罰金を科せられる。人々は慈善の対象となる以上に価値がある。彼らはパワーと正義に値する。鉄則は、私たちが彼らを助けることをやめ、彼らが本当に望んでいることを達成するために彼らとともに働き始めることを要求するのである。

「ジャングル」キャンプでの難民支援

　「貧困な人たちに食べ物をあげると、彼らは私を聖人と呼ぶ。
　彼らになぜ食べ物がないのかを問うと、彼らは私を共産主義者と呼ぶ。」

カマラ大司教

　この単純で力強い「なぜ」という問いによって、フランスのカレー（Calais）の「ジャングル」キャンプ[2]でのある寒い秋の朝が全く違うものになった。シ

1）　前史を辿るとさらに遡ることができるが、現在の英国で見られる「朝食クラブ」は1990年代頃に始まった。親が食事を用意できない子どもに朝食を提供し、早朝の面倒をみる場として機能している。

2）　1990年後半から中東やアフリカから英国に渡航しようとする難民や移民がキャンプを

ティズンズUKから4人の小さなチームがアクションと変化の機会を探るために
にカレーに行った。チームが歩き回って見つけたのは、国籍や言語ごとに集め
られた難民のグループ——エリトリア人、シリア人、アフガニスタン人、エジ
プト人など——であった。焚火の匂い、多分にプラスティックを燃やす匂い
が、道に垂れ流されている未処理の汚水の匂いと交ざっていた。ゴミや防水
シートでつくった一時的なテントがあらゆるところにあって、はっきりしてい
たのは、絶望的な状況に数千もの人々がいたということだ。難民キャンプの
こうした危険で荒れ果てた雰囲気は、もう一つの祭りの様相と奇妙に混じり合っ
ていた。というのも、長靴をはき、野外演劇や炊き出しをしようとする数多く
のボランティアが点在していたからである。一般の人たちの高揚した気づきや
共感によって多くの人がキャンプに助けに来て、多くの寄付もなされた。その
寄付はたいてい誤った種類のものであった。たとえば、キャンプではもうすで
に配られていた唯一のものであるボトルの水が寄付されたり、多くの子どもが
いるコミュニティにとって乳児の洋服が必要だったのに10歳以下のものはほと
んどなかった。

　チームはシリア人の難民が集まっている場所に向かった。アイラン・クル
ディの写真[3]や戦争についてのメディアの報道によってシリア人に対する公的
な支援のレベルが高まっているという状況に対して、このコミュニティが政治
的な決断のための大きなチャンスを持っていたからである。チームは他のグ
ループ——多くの10代の若者を抱えた40代のグループ——と一緒に来た高齢者
のグループを見つけた。簡単な挨拶の後、チームはシリア人たちに以下のよう
に尋ねた。

　「ドイツに行くことができるのに、このキャンプでにっちもさっちも行かな
　いまま、なぜここにいるのですか。」

　　　設営して滞在していたが、フランス政府が2015年夏にキャンプを1ヶ所に集めた。た
　　　だ、その劣悪な環境のためジャングルと言われた。なお、2016年に撤去された。
　3）　7章で述べられているとおり、2015年にトルコの海岸に打ち上げられたクルド人のシ
　　　リア難民であった当時3歳のアイラン・クルディの遺体をカメラマンのニリュフェル・
　　　デミアが撮影した写真が各種メディアに取り上げられた。

「私たちは英国に行きたいのです。」
「なぜですか。」

この質問にはいくつかの答えがあった。仕事、言葉、安全。しかし、変化の
チャンスを広げるような答えが一つだけあった。

「私の叔父がそこにいるからです」とある10代の少年が言った。

そして、このシンプルな答えがシティズンズUKのセーフ・パッセージ・プ
ロジェクトの始まりとなった。というのも、絶望的な状況にあった人々をすぐ
に助けることの可能性ではなく、彼らが直面している問題の現実的な解決の可
能性を高めたからである。その可能性は、こうした子どもたちが家族と安全に
かつ合法的に一緒に暮らすことができるようにするあまり使われていないわず
かな法律にあった。ダブリン規則では、保護施設を探している人が到着した
最初の安全な国で、そして、たいていはイタリアやギリシアといったヨーロッ
パの国で、保護施設を要求できると定めている。英国は、この規則によって、
年間1,000人ほどをヨーロッパ国境へ強制送還している。一方、この規則にお
いては、他のヨーロッパの国に家族がいる子どもたちは、家族と一緒に暮らせ
るように移住を要求できるともされている。しかし、家族合流のためのこうし
た規定はフランスから英国への移動の場合には一度も機能していないし、英国
で家族と一緒に暮らせる子どもたちは数百にとどまっていた。このシステムは
機能せず、10代の若者たちは愛する家族のもとに辿り着こうとしたが、ユーロ
スターの線路上や車輪の下で死んでいった。彼らは諦めようとはしなかった。
というのも、危険な長い道のりを旅してきたからである。彼らの多くは、両親
や兄弟のいずれかを戦争で失ったり、家族を残してきたりしていた。なぜな
ら、彼らが求める何か——家族と一緒にいたり、安全でいたりするということ
があったからだ。そして、それは、彼らのニーズをわかっているとか、正義の

---

4) 欧州連合（EU）圏外から圏内にたどりついた難民の保護申請をどこで受けつけるかに
ついて定めたEUの規則。

ための提案や本当の変化のための可能性に達していると考えていたよりもむしろ、直接的な質問をすることや本当の個人的な関心にとりかかることによって明らかになったのである。

　2週間ほどたって、チームはプロボノの弁護士と一緒にキャンプに戻ってきて、要求を処理しはじめた。時間との競争だった。というのも、英国に合法的に入国する道徳的・合法的な理由を持っているこうした若者たちが毎夜生命の危険にさらされていたからである。最初の子どもは法律的な作業が進行中に亡くなってしまったが、そのケースは政府に対する法律的な挑戦の一つだった。彼は15歳のアフガニスタン人で、マサドといった。彼が英国に到着し、そこで家族と一緒になろうとしたその時、トロッコで呼吸困難となった。翌月、私たちは最初のテストケースを勝ち取り、カレーの「ジャングル」にとどまっていた4人のシリア人の少年が合法的かつ安全に英国で彼らの家族と一緒に暮らすために旅立った。それ以来、自身がナチスドイツから亡命してきた子どもであったアルフレッド・デュボス卿をはじめとした仲間と協働して、私たちが開いたルートで1,100人を超える子どもたちが旅立ったのを見てきた。

慈善の先へ——フードバンクの事例から

　鉄則は「人々のために何かをしてはダメだ」と言っているわけではないし、人々が本当に必要としている時に、時間やお金を提供しようとすることはよいことだ。だが、鉄則が意味しているのは、私たちが慈善でとどまるべきではないということである。私たちは「なぜ」と問わなければならない。私たちは真摯に答えなければならない、そして、パワーと政治の問いへと自らを導くために、それらに備えなければならない。フードバンクを取り上げてみよう。

　トラセル・トラスト（The Trussel Trust）は英国で最も主要なフードバンクのネットワークを運営している。2015〜16年には、このトラストでは、約4万人のボランティアが424のフードバンクで働いていて、1万1千個のフードコンテナを供給した（トラセル・トラストは緊急食糧支援プロジェクト全体の3分の1ほどを実施しているので、このプロジェクト全体ではこの3倍ということになる）。このトラストは人々になぜ食べ物がないのかを尋ね、フードバンクに来る人々に

第 9 章 鉄 則

よって挙げられた理由をまとめた。

①給与遅配、給与減少（40%）
②低賃金（23%）
③借金（7%）
④無職（5%）

　このことから私たちは何を読み取ることができるのか。私たちは給与システムを改善する必要があるし、ちゃんとした仕事を必要としている。さもなければ、もっとフードバンクが必要だろう。それは高給取りにすることでない。つまり、人々が働いているけれども、わずかしか支払われなかったり、不法な労働時間で働いたり、あるいは、給与の遅配を彼らが受け入れていたり、何週間も続けて収入がなかった時に、他の人からのもらい物に頼っているのだ。そう、もし人々が苦しんでいるなら、その時、食べ物を分けて、寄付し、時間を割いたり、助けたりすることはよいことである。それが出発点だ。しかし、もし私たちがそこにとどまったままなら、そのとき、私たちは彼らをそのような状態としている共犯者である。実際、慈善サービスに向けられているあらゆる努力と善意の蓄積には、パワーと正義の大きなチャンスがあるのだ。数万もの人がこの国のあちこちのフードバンクでボランティアをしている。仮にあなたがその一人だとしよう。あなたはこの本を読み、鉄則によってラディカルな課題に取り組み、ここで概略が示された変化を生み出す方法を使うことを始め、そして、人々がフードバンクに来るいくつかの底流にある原因に向き合おうと決めてきた。あなたは何をすればよいだろうか。まとめてみよう。

　①プロジェクトの信頼と影響力を確立するために、フードバンクのパワー分析を綿密に計画し、コアとなるボランティアやオーガナイザーと一対一の会話を始めなさい。底流にある原因に怒り、何かをしたいと思っている仲間を見つけなさい。
　②フードバンクを使う人々と一対一で会うのを始め、敬意を示しつつ彼らがなぜ来ているのかを聞きなさい。変えるために闘う怒りと利益を持ってい

る人々、キャンペーンを活気づけるような不正の経験を持っている人々を探しなさい。ある家族は、書類でミスをして、公的扶助が1ヶ月間止まっていたために、フードバンクに並んでいたのだろうか。あるいは、評判は高いがもうけ本位の雇い主のために働いていながら、将来を見通せないゼロ時間契約から抜け出せない労働者なのだろうか。

③チームとして一緒に働けば、第6章で述べたように、あなたはリサーチ、アクション、評価のステップの順でキャンペーンを企画しはじめる。つまり、リスニング・キャンペーン、パワー分析、問題から課題への移行を始める。全国展開している小売店がゼロ時間契約を悪用していることがわかり、あなたはこれをターゲットとして取り上げ、6ヶ月以上そこに在籍している誰に対しても正規契約と通常勤務を申し出ることに合意させることを目標とする。

④アクションを起こす。店舗の評判に関わることにあらゆる注意を払い、自分たちが得ている給与の増額を必要としている人々のために、寄附された食べ物でより簡単につくることができる一時的なフードバンクを店舗の外に設置するとよい。

⑤アクションは反応を引き起こし、次の年以降、さらなるアクションと交渉を通じて、店舗はゼロ時間契約と正規契約のより合理的な申し入れの履行に合意する。ボランティアとフードバンクを使う人々は自信、スキル、パワーを伸ばし、より大きな問題を見るようになる。

この単純な「なぜ」という問いに、慈善から正義に移行する可能性がある。そして、鉄則によると、キャンペーンの全過程での焦点は、フードバンクを利用している人々とフードバンクのボランティアが一緒に貧困で食べられないことの原因に立ち向かうことで人々の能力を高めることについてであることがわかる。このキャンペーンが、公的扶助の懲罰的な運用を終わらせるために、あるいは、別の大きな変化を起こすために、一緒に運動している何百ものフードバンクやローカル組織の連携の始まりであるかもしれないことを誰が知っているだろうか。

　最後に、鉄則は、あれやこれやと人々を支援しようとしはじめた組織にとってラディカルな含意を持っている。善意の個人にもまして、これらの組織は鉄則を破壊する傾向がある。ヒエラルキー、官僚制度、専門職の役割、これらすべては人々自身の可能性をつぶしてしまう。その結果、人々は問題に協働して取り組む責任を負う活動的な市民ではなく、受動的なクライアントや顧客となってしまう。鉄則を破る個人にかかるのと同じかそれ以上のコストが組織にかかる。というのも、組織が人々をサービスの受動的な受け手として扱えば扱うほど、人々は支援を必要として、それに応じてスタッフの忙しさが増すからである。保健当局、慈善団体、労働組合、教会などの異なるところでそうしたことが起こっている。もちろん、人々が自分自身ですることができないことを提供する専門家の組織は非常に多い。私は自分で自分の心臓手術をしろと言われたくはない。しかし、健康が正に苦痛を取り除くことであるならば、人々と一緒になって不健康の原因に取り組むことができる段階を越えて悪くなってしまうと、健康を保ち続けるのに十分なお金がなくなることになるだろう。労働組合が困ったときのための保険として自身を売り込むなら、組合員全員の問題を解決するには組合の職員の数は十分ではないだろう。ましてや労働組合が職場における真の集団的なパワーとなることなどないだろう。学校がテストの結果のための工場であるならば、子どもは自分の声が重要であること、民主主義とは自分たちがパワーを持っていることであり、未来を形づくる責任があることを学び、そうしたことを行うスキルを高めるのはどこですればいいのか。

学校の朝のお茶会で生活の根本問題をさぐる

　だから、組織が鉄則に取り組み、個人にサービスを提供することから、集団的なアクションのための能力を高めることへとシフトすることは、実際的な言葉では何を意味しているのか。学校が保護者と関わる方法を採りあげ、その違いを見てみよう。

　保護者が子どもたちの教育にちゃんと関わってくれないという不平を抱えた校長から、自分と保護者をうまくつないで欲しいと頼まれたことがある。最近、その学校では保護者と2週間に1回朝のお茶会を行う「保護者連携マネー

ジャー」を雇っていた。彼が学校のまわりに掲げたポスターや家に送った手紙と同じように、保護者を直接招くために校門のところでフェイス・トゥ・フェイスで短い会話をするように勧めた。最初18人の保護者が朝のお茶会に来て、よいスタートだった。結果として、そのうちの15人は彼が個人的に招いて、3人が家に送られた手紙で来ていて、ポスターを見て来た人は誰もいなかった。

ミーティングは、保護者、保護者連携マネージャー、校長と私が紅茶とビスケットのまわりに座って始まった。いつものように、私たちは個人の関心、つまり、名前、子どもの年齢、学校や近隣で関心のあることや思うことについてよりよく知るために、順に自己紹介をすることから始めた。私たちは順に始めた。

「名前はアンです。8学年[5]の娘がいます。子どもの行動が心配で……」

そして彼女が言い終わる前に、校長が遮った。

「あ、それについては心配することはありませんよ。私たちが実行している生徒の行動についての新しい戦略がありますから。」

2人目の保護者は次のように話した。

「名前はアミンです。10学年[6]の女の子がいます。学校の外の道が非常に危険だと聞いています。何か事故が起こるのではないかと心配です。」

他の数名の保護者も頷き、小声で同意した。そしてまた、校長が割って入った。

「はい。私たちもそれについては気づいていて、私は区に今日手紙を書くつもりです。心配ありません。私たちは着手していますから。」

これは、サービス過剰の文化のもとでのアクションである。専門家が管理してしまい、人々が関わる余地を与えないのである。このような場合、あなたが

---

5) 英国では義務教育段階開始から学年を積み重ねて表現することになっていて、日本でいえば、中学2年生に相当する。
6) 日本では高校1年生に相当する。

鉄則とコミュニティ・オーガナイジングの手法を導入した時に何が起こるのか。

　別の学校、ハックニーにあるランダル・クリーマー小学校（Randal Cremer Primary）での別の朝のお茶会でのことである。最初の質問は同じで、自己紹介をして関心があることを言うものである。

「名前はケイティで、私たちのフラット[7]は湿気が多く、子どもたちが十分に眠られないことが不安です。子どもたちは毎晩咳をしています。」

　この時、コミュニティ・オーガナイジングのトレーニングを受けたファミリー・サポート・ワーカーであるエドワード・アブロアが答えた。

「それは大変ですね。そのためにあなたは何かしましたか。」
ケイティ：「ええ、私はハックニー・ホームズ[8]に長い時間電話をしましたが、対応はしてくれませんでした。私は苦情を訴えようとしましたが、料理か暖房であなたのせいだろうと言うのです。」

　部屋にいる人たちは小声で同意し、ある人は、自分の子どもが正に気管支炎と診断され、医師は湿気について関心を持っていると話した。それで、エドワードは次のように言った。

「本当に問題のようですね。他の人たちも同じように感じています。ケイティ、あなたは同じ問題を抱えている5人をまとめることができますか。そしてここにいる人以外にもこのことに関心を持っている人はいますか。何人かと一緒にミーティングに来ることができますか。それについて何かをしてみましょう。」

　最初の朝のお茶会から、ケイティは取り組み始めた。彼女は決して公的な役割を担っていなかったし、学校やその他の場所でもどんなポジションも得ておらず、政治的な思想もなかった。しかし、彼女が話すと、他の保護者は聞いて

7）　共同住宅のこと。
8）　ハックニー区のソーシャル・ハウジングの供給・管理会社。

いた。ミーティングの終わりに近づいた時、数名の懐疑的な保護者が彼らの思いを話した。

「悩むのは意味がないよ。ハックニー・ホームズを連れてきて、湿気を改善させようとしても、何もしないだろうから。」

その時ケイティは「確かに別のやり方を考えた方がいいかもね」と言い、グループはキャンペーンに進むことに合意した。彼らは各戸のドアをノックし、人々に二つのことを質問した。第一に、あなたの家で湿気の問題を経験しましたか。第二に、それについて何かをするキャンペーンに参加したいですか。湿気とカビのストーリーは衝撃的である。親たちは湿疹を持ち、子どもたちは呼吸器の問題で学校を休み、ベッドルームには毒キノコが育っていた。だが、第二の質問に対する答えはそれよりよくなかったかもしれない。人々は何かを変えるという希望を失っていたのだ。彼らは次のように言った。

「ハックニー・ホームズは聞きはしないよ。私たちができることは何もない。彼らは料理の時の私たちのミスだから、窓をあけるべきだと言うけれども、私たちは子どもたちが風邪をひくことが心配だ。」

それはいつも起こっていることで、人々は自分たちのパワーのなさを反省し、自分自身に責任を負わせているのである。実際には、それは住宅の危機であって、責任を負わない家主の問題である。私はそれに怒り、ずっとそれについて取り組んできた。オーガナイジングの文化は個人の絶望や挫折を集団的な怒りや変化へのパワーへと変えることを目的としているのだ。

それで、最初の朝のお茶会から6週間経って、ランダル・クリーマー小学校の保護者や、他の公立小学校、ショーディッチ・シティズンズの一部であるコミュニティ・ワーキングとも一緒になったチームができた。そして彼らはキャンペーンの優先項目を決めるイベントを行った。ケイティとチームはキャンペーンにこれまで参加している約50人の保護者と一緒にやってきた。彼女のとなりには校長がいて、公的にはじめて話す準備ができた状態で、ステージに立った。ハックニー・ホームズの事務局長であるシャーロット・グラーブは、

問題を聞くための保護者との面会への招待を断った。ステージに上がったケイティの反応は「もし彼女が私たちのところに来ないなら、私たちが彼女のところに行かなければならないだろう」というものだった。

　翌週、ショーディッチ・シティズンズからおよそ100人の人たちが、ケイティとチームに導かれ、ハックニー・ホームズ本社に出かけた。彼らは階段に自前の苦情窓口を設置し、約70人一人一人の関心を大きな一つのクレームリストに記録し始めた。このリストがハックニー・ホームズに届けられた時に、地方紙が写真を撮りに来ていた。その日の終わりまでに、シャーロット・グラーブとのミーティングの日程が合意され、10ブロックにわたる借家の湿気を迅速に改善する作業のための120万ポンドをその年の緊急予算として勝ち取った。ハックニー・ホームズは、住民の行動の責任としていたのとうってかわって、湿気の構造的原因を把握する方法を検査官が向上するための新しいトレーニング・プログラムを始めている。子どもたちは夜によく眠れるようになって、湿気がなくなった家で成長するのに健康上の問題で苦しむことはほとんどなくなった。そして、ケイティと他の親たちは、自分がやろうとすれば変化を起こすことができると確信を持って子どもたちに話すことができているのだ。

自分のストーリーを描く

　鉄則は人々を今までとは異なるものとしてみるように私たちに要求する。問題や負担としてではなく、クライアントや顧客ではなく、自分たち自身や他の人たちのために変化を起こすことができる市民としてである。それは、人々の問題をいつも解決しようとすること、あるいは、それらの底流にある原因を無視することから、集団的なアクションや政治的な変化のための人々の能力を育てることにシフトすることを意味している。広告に何億ポンドものお金を費やし、生活での私たちの主要な役割を顧客とする市場文化に、そして政府やテレビスタジオで展開されているゲームの観客であるとする支配的な政治文化に私たちは立ち向かっている。これに抵抗し、新しい見方に立つとき、私たちはすべて、担うべき役割を持つのである。ローカルな組織は勇敢でなければならず、人々に自分たちの声をどのように見出し、市民となるスキルと態度をどの

ように育てるかを学ぶ手助けをすることでその民主的な目的を実現しなければ
ならない。そして、私たちの誰もが個人として、どんなやり方でも、大きくて
も小さくても、不正を許さない感覚と関連づけ、その怒りを効果的なアクショ
ンへと結びつけなければならない。

　この本で見てきたストーリーがすべて結びついているのは、向き合った問題
の苛烈さや引き起こされたインパクトの大きさではない。主人公が誰かという
ことである。これらのストーリーは、他の人のために最善は何かということを
決めている選ばれた政治家、政策の専門家、慈善事業家のストーリーではな
く、自分たちがしたいことのために働き、その達成のために一緒にやってきた
人々のストーリーなのである。

　それでは、あなたのストーリーは、どんなものになるだろうか。

人名索引

謝　辞

　この本を世に出すにあたって、重要な何人かの人々について紹介しておきたいと思います。彼らが居なければ、この本はおろか、この本に書かれている方法も正義も生まれなかったでしょう。

　英国でコミュニティ・オーガナイジングの基礎を築いたニール・ジェイムソンは、明確なビジョンを持ったファイターであり、親愛なる友人です。彼は、コミュニティ・オーガナイジングに対する懐疑に直面したり、初期の頃の失敗があっても、無から大切なものを生み出すという確固たる決意を持っていました。彼は本能的に抑圧されている人の味方であり、同時に本能的に戦略的でもあるという稀有な人です。

　生活賃金キャンペーンの大変な目標に向かって人々を導いた清掃員や低賃金労働者であるアブドゥル、エマニュエル、ジューン、ジュリアナ、ベネディタ、ケイティ、マルタ、ジュリエタ、ヴァルデマール、サンチェス一家など、名前を挙げればきりがありません。彼らは私よりも多くの危険を冒していました。彼らの勇気のおかげで、何十万人もの人々が生活賃金を勝ち取ることができたのです。

　私たちが使用しているカリキュラムを開発したのは産業地域財団です。このような有効な方法を使えるようになったことは、なんと大きなギフトだったことでしょう。

　また、バーナデット・ファレルは、歌や贈り物がプラカードや批判よりも強力であることを私たちに教えてくれました。この10年間、私に常にインスピレーションを与えてくれたカニーズ・シャイド。そして、シティズンズUKを作り上げてきた同僚、リーダー、理事、資金提供者、支援者からなる才能豊かで勇気あるチーム。

　ジョアンナ・ナタセガラ、オーランド・フォン・アインシーデル、デイビッド・バブス、ジェームズ・ソーントン、この本のために、インスピレーション

を与えてくれたことと時間を割いてくれたことに感謝します。

　アレクシス・キルシュバウムには、アイデア、熱意、必要に応じて明確なフィードバックを提供していただきました。そして、執筆に協力してくれたすべての人たち、アモル、チャーリー、シャーロット、ダン、フランシス、ジョージ、ジェームス、ジョン、ジョナサン、リア、リジー、ムビン、オーウェン、ステファン、テス。そして、母と父、すべてを感謝しています。

■訳者紹介　　　　　　　　　　　　　　　　　　　　　　　　　　　　＊以下、翻訳担当章

藤井敦史（ふじい・あつし）　　　　　　　　　日本語版刊行にあたって、第1章、第2章、第3章
立教大学コミュニティ福祉学部教授
阪神淡路大震災後の神戸の仮設住宅でコミュニティ形成に取り組むNPO・NGOのフィールド・
ワークを出発点に、コミュニティ・ビジネスを含む社会的企業の国際比較研究を一貫して行って
きた。近年は、社会的連帯経済における連帯関係そのものを紡ぎ出すコミュニティ開発について
研究している。東北大学経済学研究科助教授を経て2006年4月より現職。主要業績は、原田晃
樹・藤井敦史・松井真理子［2010］『NPO再構築への道—パートナーシップを支える仕組み』勁草
書房、藤井敦史・原田晃樹・大高研道編［2013］『闘う社会的企業—コミュニティ・エンパワーメ
ントの担い手』勁草書房等。また、社会的企業研究会会長、NPO法人アジア太平洋資料センター
（PARC）理事を務めており、ビデオ『支えあって生きる—社会的企業が紡ぐ連帯経済』（http://
www.parc-jp.org/video/index.html）の制作にも関わっている。

大川恵子（おおかわ・けいこ）　　　　　　　　　　　　　　　　　　　　　　　　第5章
ロンドン　タワーハムレッツ区シニア戦略政策マネジャー
大阪府等を経て、現在タワーハムレッツ区においてストラテジストとしてビジネス分析、戦略・
政策開発を担当。コミュニティと協働し政策立案・実施するコ・プロダクションの手法を用いる
等コミュニティ開発にも貢献。他に、初代会長として女性職員の声を反映しより働きやすい職場
環境を作ることを目指す同区女性職員ネットワークの設立・運営、エスニック・マイノリティ支
援を行う英国のNGO、Race On The Agenda理事、共同住宅の財政運営委員として等コミュニ
ティでの活動も担う。ロンドン大学においてガーナの地方分権とコミュニティ開発について博士
課程の研究、近年は、英国と日本の地方自治体の女性政策や情報政策等の比較研究を実施。『地方
自治職員研修』において2017年から2019年までコラム「当世英国自治体職員事情」を連載。

坂無　淳（さかなし・じゅん）　　　　　　　　　　　　　　　　　　第4章、第6章、第7章
福岡県立大学人間社会学部講師
社会学、ジェンダー研究を専門としており、大学など高等教育におけるジェンダー平等につい
て、研究を行ってきた。他にも団地住民による共同保育の事例研究を行うなど、コミュニティと
子育てに関心を持っている。現在は、自治体のジェンダー政策の調査など、ジェンダーを関心の
中心として研究テーマを広げている。山形大学男女共同参画推進室、立教大学コミュニティ福祉
学部を経て2017年4月より現職。主な業績として、坂無淳［2020］「女性の労働者協同組合による
移民女性のエンパワーメントと連帯—ロンドン・タワーハムレッツ区の事例から」『社会分析』47:

43-59、坂無淳［2014］「都市における保育の共同―埼玉県新座団地の共同保育の事例から」『立教大学コミュニティ福祉研究所紀要』2：61-80等がある。

走井洋一（はしりい・よういち）　　　　　　　　　　　　　　　序章、第9章、謝辞
東京家政大学家政学部教授
19世紀末から20世紀初頭のドイツに生きたW.ディルタイの思想をベースとして、人間の社会性形成の問題について教育哲学的・教育人間学的研究を続けてきたが、理論的研究のみに依拠することの限界に直面し、2007年頃から若者自立塾、地域若者サポートステーション等の就労支援現場をフィールドとする調査を継続的に行ってきた。現在では、社会性、協同性がいかにして生まれ、持続するのかに焦点を当てて研究している。弘前学院大学准教授を経て2010年度に東京家政大学に着任。現在は一般社団法人協同総合研究所の常任理事も務める。主要業績は、紺野祐・走井洋一ほか［2011］『教育の現在』学術出版会、笹田博通編［2015］『教育的思考の歩み』ミネルヴァ書房、など。

松井真理子（まつい・まりこ）　　　　　　　　　　　　　　　　　　　第8章
四日市大学総合政策学部教授、NPO法人市民社会研究所代表理事
1992年から2年半の自治体国際化協会ロンドン事務所勤務を契機に、市民社会のコミュニティ形成機能、政策提言機能、及びこれを有効に機能させる中間支援組織について、実践・研究両面において携わってきた。2001年から四日市大学に所属し、2004年に立ち上げた市民社会研究所を基盤に、みえNPOネットワークセンター、東海市民社会ネットワーク、ささえあいのまち創造基金など、地域のNPO/NGOによるネットワーク型の中間支援組織の設立と運営に携わる。個人を対象とする市民教育、就労困難な若者を地域ぐるみで支える活動と、これを促進するための社会的企業の立ち上げや運営も行っている。主要業績は原田晃樹・藤井敦史・松井真理子［2010］『NPO再構築への道―パートナーシップを支える仕組み』勁草書房など。

■著者のプロフィール

マシュー・ボルトンは、コミュニティ・オーガナイジングを、社会を変え、民主主義を刷新するものとして開拓してきた。15年間のオーガナイザーとしての経験を経て、現在、シティズンズUKのディレクターを務めており、数万の活発な市民の全国的な連携を作り出し、コミュニティ・リーダーたちを訓練してきた。とりわけ、マシューは生活賃金キャンペーンに先導的なオーガナイザーとして取り組み、現在では6,000近くの生活賃金認定事業所が生まれ、低所得の労働者に対して10億ポンドを超える成果を上げた。それ以外にも、近隣地域での多くの取り組みと同時に、給料担保金融業者の問題、真に安価な住宅の提供、難民の処遇改善といった課題に対して、政府の政策変更を促すキャンペーンのオーガナイジングに関わり、それらを成功に導いてきた。

マシューは、オーガナイジングとキャンペーンに関する書籍として国際的に有名になった本書『社会はこうやって変える――コミュニティ・オーガナイジング入門』の著者であり、市民社会組織の幹部たちが、組織のメンバーのパワーを解き放ち、よりラディカルなミッションを実現できる方法についてコーチングを行っている。また、アフォーダブル・ハウジングを提供するロンドン・コミュニティ・ランド・トラストの理事でもある。

彼は、妻と2人の子どもたちと一緒に南ロンドンに住んでおり、武術館の中国拳法では、黒帯の有段者であり、潜水指導員協会の資格を持つスキューバ・ダイバーでもある。そして、いくら負けようが、プレミア・リーグのトッテナム・ホットスパーの大ファンである。

（シティズンズUKのHPより）

Horitsu Bunka Sha

社会はこうやって変える！
——コミュニティ・オーガナイジング入門

2020年9月25日　初版第1刷発行

著　者	マシュー・ボルトン
訳　者	藤井敦史・大川恵子・坂無　淳 走井洋一・松井真理子
発行者	田　靡　純　子
発行所	株式会社 法律文化社

〒603-8053
京都市北区上賀茂岩ヶ垣内町71
電話 075(791)7131　FAX 075(721)8400
https://www.hou-bun.com/

印刷：亜細亜印刷㈱／製本：㈱藤沢製本
装幀：白沢　正

ISBN 978-4-589-04104-3

ガイ・スタンディング著／岡野内正監訳

プレカリアート
―不平等社会が生み出す危険な階級―

A 5 判・310頁・3000円

不安定で危険な階級「プレカリアート」。底辺に追いやられ、生きづらさを抱えている彼／彼女らの実態を考察し、不平等社会の根源的問題を考える。不安定化する社会の変革の方法と将来展望を提起する。

佐々木隆治・志賀信夫編著

ベーシックインカムを問いなおす
―その現実と可能性―

A 5 判・224頁・2700円

ベーシックインカムは「癒し」の制度にあらず。今野晴貴・藤田孝典・井手英策ら社会運動や政策提言の最前線に立つ論者と研究者が、その意義と限界を様々な角度から検討する。ベーシックインカム論の決定版。

岡部 茜著

若者支援とソーシャルワーク
―若者の依存と権利―

A 5 判・264頁・4900円

従来の就労に向けた自立支援で、若者の生活困難や生きづらさを捉えきれるか。ソーシャルワーク（SW）の視点から若者を総体として捉え、SWの必要性とその構成要素、支援の枠組みを提起する。

平井 朗・横山正樹・小山英之編

平 和 学 の い ま
―地球・自分・未来をつなぐ見取図―

A 5 判・194頁・2200円

グローバル化社会のもとで複雑化する今日的課題へ平和学からアプローチすることで、様々な問題の根源に迫る。平和創造のための学問である平和学の理論的展開を踏まえ、平和学の役割とアイデンティティを探究し、私たち一人一人が平和創造にどのようにかかわるかも明示する。

佐渡友 哲著

ＳＤＧｓ時代の平和学

A 5 判・136頁・3000円

持続可能な社会のゴールを示す SDGs について平和学の視点から考察する。SDGsの生成と平和学の展開との交錯を学術的に整理し、SDGsの理念・価値を再考する。平和学が目標達成へ向けてどのような役割を果たせるかを明示する。

――――法律文化社――――

表示価格は本体（税別）価格です